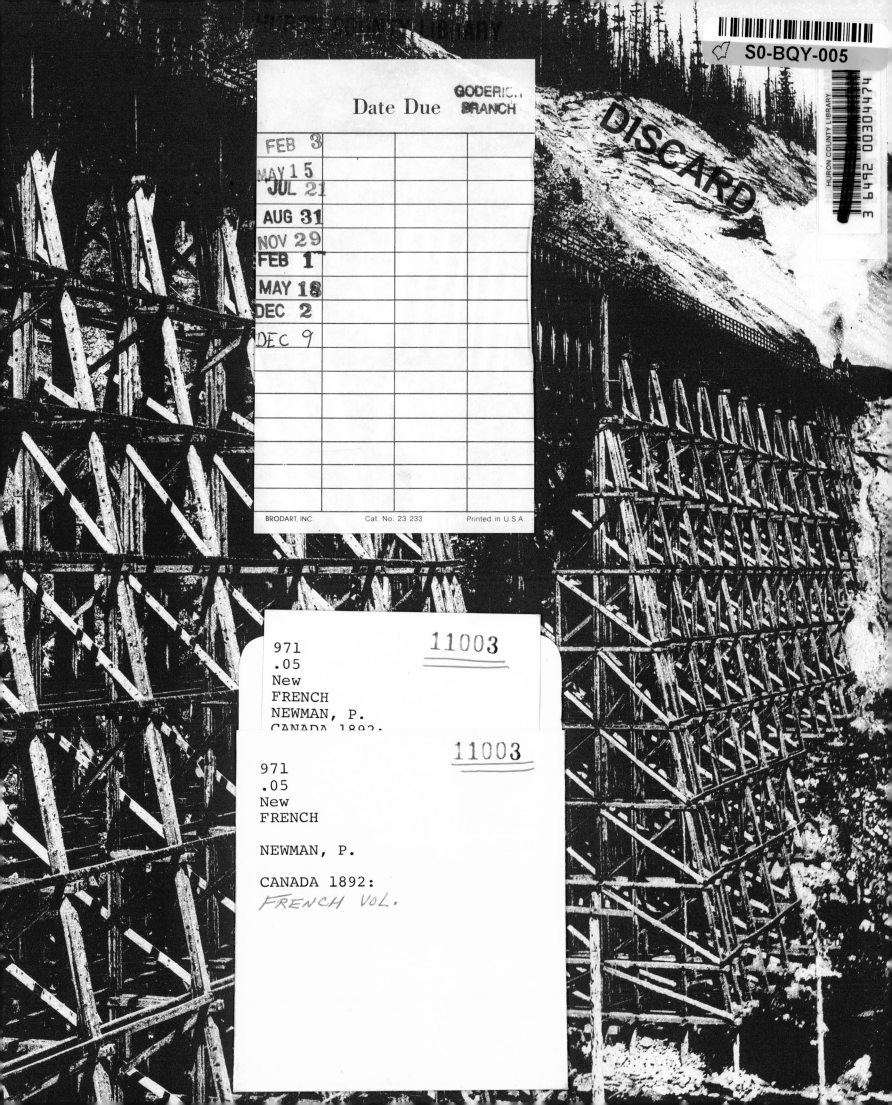

# LA FRESQUE D'UNE TERRE PROMISE

# CANADA-1892

## TEXTE : PETER C. NEWMAN
### PHOTOGRAPHIES EN COULEURS PETER CHRISTOPHER

*Une production*
MADISON PRESS
*pour les*
ÉDITIONS DU TRÉCARRÉ

Texte © 1992 Power Reporting Limited
Design, illustrations et compilation © 1992  The Madison Press Limited
Photographies © 1992 Peter Christopher (sauf indication contraire)

Typographie et mise en pages : *Ateliers de typographie Collette inc.*

Traduction :  *Lise Pepin*

Révision linguistique : *Julie Sergent*

© Éditions du Trécarré pour l'édition française 1992

**ISBN 2-89249-432-x**

Dépôt légal – 3ᵉ trimestre 1992
Bibliothèque nationale du Québec

Imprimé au Canada

Éditions du Trécarré
Saint-Laurent (Québec) Canada

À CHRISTINA,
ET C'EST DANS LA MER
QUE J'AI FINALEMENT TROUVÉ
MON CADEAU

# TABLE DES MATIÈRES

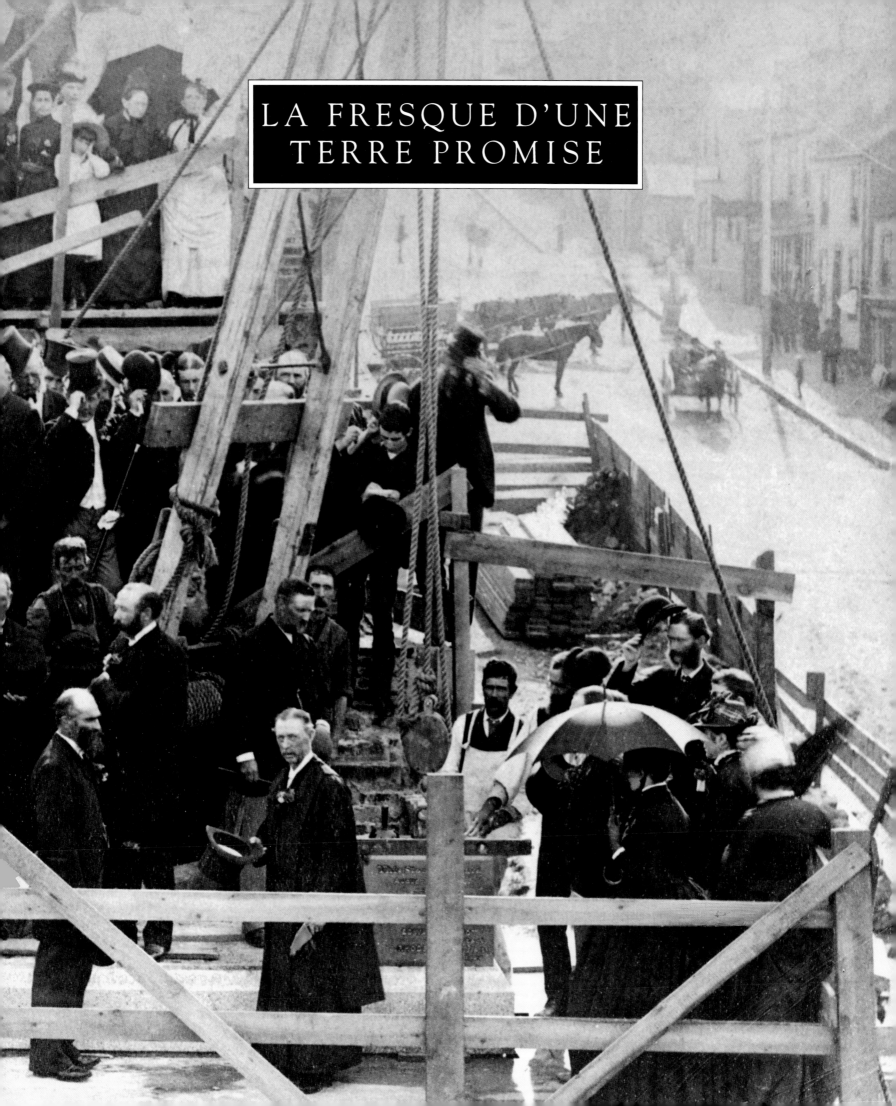

# LA FRESQUE D'UNE TERRE PROMISE

Une lumière émane de la tour de style roman à Craigdarroch, le manoir de la famille Dunsmuir à Victoria.

# CANADA 1892:
# LA FRESQUE D'UNE TERRE PROMISE

UN CERTAIN MOMENT DE SON HISTOIRE, TOUT PAYS EN ARRIVE À UN POINT TOURNANT. Au Canada, l'année 1892 marque cette étape. Le pays était encore peu peuplé et les Canadiens peu enclins à revendiquer leurs droits au relief de leur littoral, aux méandres de leurs rivières et aux chevauchements de leurs montagnes.

Toutefois en 1892 le Dominion embryonnaire a déjà amorcé son crucial, quoique douloureux processus de maturation. Grâce à l'achèvement du chemin de fer transcanadien, par le Canadian Pacific Railway (C.P.R.), reliant le Canada d'un océan à l'autre, les territoires inoccupés commencent à se peupler. La toponymie n'évoque plus seulement des landes déboisées ou des enclos à bétail mais aussi des villages retentissant des rumeurs du commerce. Les villages deviendraient des villes et les villes des cités. Une demi-douzaine de ces états-cités en devenir émergeraient à travers le pays. L'urbanisation prenait forme.

Si des Canadiens d'aujourd'hui déambulaient dans les rues de Montréal, de Toronto, de Québec, d'Halifax ou de Victoria des années 1890, ils y découvriraient forcément un monde bien différent du leur. Néanmoins, ils y découvriraient çà et là des points de repère familiers. C'est que d'un point de vue architectural, l'année 1892 a été très féconde, donnant jour à des édifices qui font maintenant partie du patrimoine canadien : le Old City Hall, le York Club et le Queen's Park à Toronto, le Château Frontenac à Québec, la gare Windsor à Montréal et autres édifices dans Gastown à Vancouver et le manoir Craigdarroch, construit pour Robert Dunsmuir, à Victoria. D'ailleurs, les constructions de cette époque, autant les châteaux que les édifices de style roman (tels que popularisés par l'Américain Richardson), devaient inspirer la construction d'édifices privés et publics canadiens pendant encore plusieurs années contribuant ainsi au visage particulier des rues du pays.

Tandis que les années 1890 voyaient le jeune Dominion se transformer en un pays urbain et industrialisé, métamorphosant à jamais le paysage canadien, d'autres forces agissaient parallèlement sur cette Confédération nouvellement créée – des tendances et des événements qui entraîneraient de vifs conflits à l'intérieur de nos frontières et qui amèneraient le pays à prendre part à cinq guerres extérieures.

Dans le merveilleux ouvrage qu'elle consacre à cette période, June Callwood écrit : « Les années 1890 marquent la fin de la morale victorienne. Les temps sont révolus où étaient clairement définis le rôle et l'importance de Dieu, de la reine, du drapeau, du devoir, de l'honneur, de la vertu et de la vie de famille... C'était une époque de grands contrastes : de chasteté et de bordels ; de censure et de pornographie ; de pauvreté paralysante et de riches fortunes tombées du ciel... »

En 1892, les relations fédérales-provinciales sont particulièrement tendues, car le Québec et l'Ontario en ont assez de subventionner les provinces pauvres (« les lambeaux et rapiéçages de la Confédération »). Les premiers ministres – W.S. Fielding de la Nouvelle-Écosse, Frederick Peters de l'Île-du-Prince-Édouard, A.G. Blair du Nouveau-Brunswick, de Boucherville et Taillon du Québec (Honoré Mercier avait été destitué par le lieutenant-gouverneur, mais luttait toujours), Oliver Mowat de l'Ontario, Thomas Greenway du Manitoba et

Theodore Davie de la Colombie-Britannique – partagent la même indignation face à Ottawa. Fidèles à eux-mêmes, les premiers minsistres de l'Ouest sont particulièrement outrés par les tarifs de fret exigés par l'État, tandis que ceux des Maritimes exigent qu'on augmente les quotas de pêche.

À la suite du jugement du Comité judiciaire du Conseil privé, les pouvoirs du fédéral se sont vus fortement décentralisés, ce qui semble ralentir la plupart des initiatives d'Ottawa. Sur le plan économique, les temps étaient difficiles, le Canada se ressentait lui aussi des effets de la crise économique mondiale. Les industries mises sur pied sous la Politique nationale des tarifs élevés, (politique qui avait tenu le marché concurrentiel américain à l'écart du pays) se trouvèrent incapables de concurrencer les produits américains et durent se résoudre à consolider leurs dettes et procéder à des mises à pieds. Au sein des deux grands partis, on murmurait que la seule solution reposait sur « une réciprocité douanière illimitée » (le libre-échange) avec les États-Unis.

Même si les relations entre les Anglais et les Français avaient toujours été tendues, elles étaient maintenant exacerbées. Dans son étude sur les années 1890, John Saywell conclut d'ailleurs : « Un abîme séparait le Canada anglais du Canada français. Seules les unissaient les nécessités de la vie politique. Le sectarisme, largement répandu, se manifestait par les traditionnels conflits entre Français et Anglais et entre catholiques et protestants ; par l'hostilité envers toute personne non Canadienne de souche de même que par une très vive rivalité entre les différentes sectes protestantes. Le ton des années 1890 était houleux et les opinions discordantes. » Reflétant cet état d'esprit, l'ancien premier ministre du Québec, Pierre Chauveau écrit : « Sans nous connaître, sans nous fréquenter et sans même nous voir ailleurs que sur l'arène politique, Anglais et Français grimpions à deux escaliers vers nos propres destinées sur ce continent. »

À l'été 1891, la mort de sir John A. Macdonald, ce grand improvisateur, **Le** père de la Confédération, devait irrémédiablement modifier l'« arène politique ». À l'image d'un phare magnifique et indestructible dans un horizon de frêles cheminées, Macdonald n'était pas seulement le premier ministre fondateur du Canada, mais il serait un modèle d'inspiration pour tous ses successeurs de moins grande valeur. Doué d'un instinct infaillible pour écraser ses adversaires politiques et d'une troublante habileté pour adopter la stratégie exigée par la situation, il devait continuer de dominer la scène politique canadienne pendant plus d'un quart de siècle après la naissance de la Confédération. Quoique responsable de la montée de l'opportunisme et du patronage au Canada, Macdonald n'eut pas moins le génie de convertir son immense activité pragmatique en une importante force créatrice pour la nation.

Macdonald devait en outre montrer une extraordinaire habileté en créant le Parti conservateur à partir de la force de deux groupes aussi différents que le jeune establishment anglais et la hiérarchie catholique québécoise. En Ontario l'appui aux conservateurs provenait surtout des manufacturiers heureux des droits de douanes très élevés imposés par la Politique nationale (National Policy) de Macdonald (tarifs protectionnistes, construction du transcontinental et peuplement de l'Ouest). Quoique de fervents protestants, la majorité de ces industriels se sont joints avec joie aux représentants du pape au Canada français, sous l'égide de Macdonald et de son conservatisme modérément progressif, en vue de lutter contre les forces libérales prônant le mouvement de laïcité qui, vers 1892, commençaient à balayer le pays.

Durant les dix dernières années de sa vie, Macdonald a passé ses rares heures de sobriété à cajoler, à soudoyer et à stimuler les électeurs pour qu'ils suivent sa voie sinueuse vers la gloire. Sans doute aura-t-il vu la création du nouveau monde au travers des yeux injectés de sang, mais il n'en aura pas moins gouverné l'immense

*Le décès, le 6 juin1891 de sir John A. Macdonald vu ici dans son bureau, a laissé un vide dans la vie politique du Canada en1892.*

entité géographique qu'est le Canada avec la sagesse d'un homme qui a accumulé un million de milles à son compteur.

Au moment des élections de 1891, Macdonald, alors âgé de soixante-dix-sept ans, avait déjà passé un demi-siècle de sa vie dans le tohu-bohu d'un processus politique tellement cruel que tous ceux qui en suivaient les quelques règles d'éthique étaient taxés de stupidité ou de sénilité. Macdonald lui-même avait dû se résoudre à tant de compromis pour garder l'unité du pays et de son parti, qu'il n'aurait su désormais prendre fermement position pour quoi que ce fût.

À l'aube des élections législatives de 1891, face à des risques politiques énormes et obligé de composer avec une santé de plus en plus chancelante, Macdonald ressemblait bien davantage à un mort qu'à une simple personne âgée. Seule une consommation effrénée d'alcool semblait lui permettre de tenir le coup. Son visage ravagé par tant d'abus évoquait maintenant la face érodée d'un antique ravin de montagne.

Malgré cela et même si les conservateurs n'étaient pas au-dessus de tout soupçon en accusant de traîtrise les libéraux de Laurier qui jonglaient avec l'idée d'une annexion avec les États-Unis alors qu'eux-mêmes négociaient une entente secrète de réciprocité avec Washington, Macdonald restait le seul choix. Lorsqu'il demanda au gouverneur général, lord Stanley, de dissoudre le Parlement et de convoquer des élections pour le 5 mars, Macdonald rédigea par ailleurs une lettre publique dans laquelle il exposait systématiquement sa position : « Pour ma part, le choix est clair. Je suis né britannique – et sujet britannique je mourrai. De toutes mes forces et jusqu'à mon dernier souffle, je m'opposerai à la « trahison cachée » qui tente par toutes sortes de moyens honteux et de suggestions intéressées de détourner notre peuple de son allégeance. » Largement interprétable, cette déclaration sera prise pour ce qu'elle était : non pas une défense de l'impérialisme britannique mais une déclaration de patriotisme canadien. C'est une stratégie qui a fonctionné.

L'association des manufacturiers canadiens se range du côté de Macdonald. Sir William Van Horne, président du Canadian Pacific Railway, lui assure : « Le vote du C.P.R. sera quasi unanime. » Pas surprenant quand on pense que le C.P.R. fut décrit comme le « gouvernement conservateur sur roues ». Enveloppé dans le drapeau du Royaume-Uni (« Le vieux drapeau – La vieille politique – Le vieux chef ») Macdonald accusa les libéraux de trahison pour avoir tenté « de faire du Canada la frange arctique de la couverture américaine ». Même si sa santé ne lui permet pas de faire campagne autant qu'il le souhaite, il fait sensation partout où il passe. Ainsi, lorsque Macdonald se présente au ralliement électoral de son parti à Toronto (« le long corps courbé et familier, un demi-pas derrière le fameux nez crochu », comme un écrivain l'a décrit), l'auditoire exhale un soupir ému qui ne peut être interprété autrement que comme un signe d'amour. L'*Empire* rapporte alors : « Et pendant que son coeur palpitait dans sa poitrine, le grand vieux héros se tenait immobile, fier d'être ainsi honoré. »

Le soir de l'élection, c'est avec une majorité de 27 sièges – une proportion encore plus importante du vote populaire que lors des élections de 1887 – que les Canadiens lui prouvent leur amour. Mais la campagne lui a dévoré ce qu'il lui restait de santé. Trois mois plus tard, le 6 juin 1891, Macdonald meurt.

Certes la mort d'un premier ministre marque toujours la fin d'une époque mais cette fois-ci il y avait quelque chose de différent. Faisant fi de leur allégeance politique les Canadiens pleurèrent « sir John » comme s'ils avaient perdu un ami cher. Des nombreux éloges prononcés aux Communes pour rendre hommage à sir John A. Macdonald aucun ne fut plus émouvant que celui de Wilfrid Laurier, son adversaire politique. Le chef libéral déclare : « La place qu'occupait sir John A. Macdonald dans ce pays était si grande et le temps qu'il consacrait à sa tâche si énorme, qu'il est presque impossible de concevoir que la vie politique de ce pays pourra

Agriculteur et ouvrier d'usine, représentant les deux groupes que la Politique nationale protectionniste de Macdonald a le plus avantagés, illustrent ici le thème de la campagne des conservateurs, en1891.

se poursuivre sans lui. Sa mort nous accable tous… Il fait dorénavant partie de l'histoire. Mais nous pouvons affirmer, sans l'ombre d'un doute, que la carrière qui vient de s'achever est l'une des plus remarquables qu'ait connues ce siècle. Depuis son accession au Parlement, la vie de sir John A. Macdonald est ce qui fait l'histoire du Canada. »

Abandonnés par leur vieux chef, les Canadiens s'inquiètent de ce que 1892 leur réserve. Ce sera en fait une année bien difficile, à la fois pour le Canada et pour le monde entier. En Grande-Bretagne, les libéraux de William Gladstone doivent se contenter d'une mince victoire électorale, tandis que Keir Hardie devient le premier député travailliste au Parlement. Au même moment Bernard Shaw publie *La profession de Mme Warren* et Rudyard Kipling ses *Chansons de la chambrée*. Aux États-Unis, le démocrate Grover Cleveland qui s'oppose au « McKinley Tariff », nuisible pour le Canada, est élu président. Le magazine *Vogue* paraît à New York et Pittsburgh connaît la plus violente grève de l'histoire ouvrière américaine alors que les hommes de l'influent club Pinkerton s'en prennent à des grévistes de l'aciérie Homestead Steel Works, propriété du magnat de l'acier Andrew Carnegie. En sport, « Gentleman Jim » Corbett remporte le championnat mondial des poids lourds en battant John L. Sullivan. Enfin, dans le domaine technologique, on perfectionne le moteur diesel et le standard téléphonique.

Au Canada, cette année-là, Honoré Mercier est acquitté des accusations de corruption qui pèsent contre lui, tandis que la poétesse Pauline Johnson commence à donner des lectures publiques. Suivant un modèle déjà commun, deux Canadiens sont en voie d'acquérir une renommée mondiale – aux États-Unis. Il s'agit de James Naismith, employé au YMCA de Springfield au Massachusetts, qui invente le basket-ball, et de l'actrice Marie Dressler (de son vrai nom Leila Koerber de Cobourg, Ontario), qui fait une première apparition sur Broadway.

En 1892, le produit national brut canadien est d'environ 460 millions de dollars et les Canadiens ont amassé 55 millions de dollars dans leurs comptes d'épargne. Mais le rêve d'une nation prospère d'un océan à l'autre tarde encore à se réaliser. La crise économique va frapper durement l'industrie au Canada central et affecter encore plus l'est. Moins de 250 000 nouveaux arrivants ont choisi de s'établir dans les Prairies et il faut attendre encore une décennie avant qu'une grande vogue d'immigration attire 1,5 million de fermiers européens sur nos terres.

Au début du siècle, avant même que l'automobile, la radio et le cinéma ne voient le jour, inventions qui changeront de façon drastique les habitudes sociales des populations, la vie est déjà plus facile. Les Canadiens s'habituent rapidement aux machines à écrire, au chauffage central, aux toilettes à l'intérieur des maisons, au fil barbelé (pour parquer le bétail), à la linotype, au kérosène, à la similigravure, aux batteuses à vapeur et, par-dessus tout, aux ampoules électriques et au tramway. Quant au téléphone, il suscite une certaine appréhension. Convaincus que ces « machines parlantes » leur transmettaient des informations erronées, les Canadiens utiliseront longtemps le téléphone comme un simple instrument pour fixer un rendez-vous afin de parler de vive voix avec l'interlocuteur. Par ailleurs, dès 1892, le tramway circule dans presque toutes les grandes villes canadiennes. Mais plusieurs vieillards craignent encore l'électricité. Les temps ont bien changé depuis et les Canadiens aussi, mais ces derniers l'ont fait avec circonspection.

Les Canadiens d'alors, comme ceux d'aujourd'hui, possédaient une grande capacité d'endurance leur permettant de survivre à un climat rude et à des politiciens retors. C'est une qualité qui joue des tours. Car trop d'application à survivre inhibe souvent l'imagination et la créativité, gages de l'enrichissement des individus et des nations. Néanmoins, les survivants restent toujours les gagnants. Et c'est précisément parce que le Canada est menacé en 1992, tout comme il l'était en 1892, que l'esprit et les détails des événements de l'époque prennent autant d'importance.

Comme Canadiens, nous entrons dans une décennie incertaine. Dans ces circonstances, la mémoire d'une époque révolue et précieuse s'illumine d'un halo spécial, pour nous permettre de garder bien vivante notre fierté en notre pays et en nous-mêmes. Or, les souvenirs ne se reproduisent pas; ils doivent donc être préservés et entretenus.

Ce livre se veut moins une commémoration d'un anniversaire officiel qu'un tour guidé du Canada de 1892. Ce qui est loin d'être une aventure préhistorique. Cette époque est aussi près de nous que celle de nos grands-parents ou de nos arrière-grands-parents. Car, après tout, notre pays n'est vieux que de quatre générations. Et l'histoire n'est rien de plus, rien de moins que la mémoire épurée de toutes ces générations – un recueil des rencontres, collectives et individuelles, entre les caractères et les circonstances. D'ailleurs, si nous tendons bien l'oreille, nous pouvons encore entendre le faible écho des gens qui déambulaient dans nos rues, exploitaient nos fermes et pêchaient dans nos eaux, il y a cent ans.

*Même si la grande époque de l'immigration ne débute que quelques années plus tard, des colons, comme ici des mormons américains, commencent à arriver dans l'Ouest canadien, vers 1892.*

# QUI PARLE D'ÉPOQUE DORÉE?

HAQUE ÉPOQUE ENTRAÎNE AVEC ELLE SON LOT DE STÉRÉOTYPES ET LES ANNÉES 1890 n'échappent pas à cette règle. Les idoles du temps sont Lilie Langtry et le prince de Galles, les Vanderbilt et les Astor. C'est aussi à cette période que Jay Gould, le magnat américain de la finance se voit retourner sa carte d'affaires, qu'il avait fait parvenir à un membre de la famille Rothschild, accompagnée de la note suivante : « L'Europe n'est pas à vendre. » C'est une époque d'excès – dans l'architecture, la décoration intérieure, l'habillement et les habitudes de dépenser – mais le Canada ne participe que timidement à toutes ces extravagances.

Nous avons certes notre lot de magnats, mais ils ne ressemblent guère aux aristocrates sophistiqués, quoique légèrement flétris, d'Europe ni aux quatre cents mondains au style superficiel de New York. Bien que la « Politique nationale » de Macdonald et la construction des chemins de fer aient créé une classe fortunée, établie surtout à Montréal, aucun de ses membres n'a été élevé dans l'abondance. Donald Smith par exemple a passé la majeure partie de sa vie à faire le commerce des fourrures avec les aborigènes du Labrador tandis que George Stephen est assistant dans le petit magasin de draperies de son oncle, débuts modestes pour ce puissant duo qui allait un jour financer le C.P.R.

Les riches Canadiens sont des hommes et des femmes qui possèdent la mentalité et la vision étroite des choses propres aux petits commerçants et aux banquiers, une mentalité empreinte d'une inflexible pruderie. Ils aspirent à monter au ciel et craignent tout autant l'enfer que la rapide dépréciation du capital. Ils sont tous Écossais dans l'âme qu'ils viennent de Suède ou d'Ukraine, et peu importe leurs antécédents ou leur religion, ils savent devoir leur salut à leur force de caractère.

Malgré ses humbles origines, le magnat canadien des années 1890 semble tout désigné pour son rôle. Jamais il n'oserait sortir sans sa canne, son cigare et sa redingote et fièrement il exhibe son embonpoint comme si c'était là une preuve de son importance. Une consommation ostentatoire à une échelle royale – sans parler du gaspillage manifeste et du temps phénoménal accordé à leurs loisirs – voilà ce qui caractérise les grands de l'époque.

Chez les riches, des règles d'étiquette très artificielle régissent presque toutes les facettes de la bonne conduite en société. Leurs filles, dont le principal but dans la vie est de se dénicher un mari socialement acceptable (portant de préférence un titre), s'empêtrent dans les leçons de bienséance, entre la longueur réglementaire des gants, la façon de déposer son chapeau, et celle de descendre de voiture comme une vraie dame. Le livre d'étiquettes stipule en outre que seule l'hôtesse peut donner la main à un invité lors des « réceptions à la maison » ; en retour, les invités doivent se contenter pour tout salut, « d'incliner la tête d'un air composé, d'esquisser un sourire et de murmurer le nom du personnage ».

Après le dîner, engoncés dans leur faux manoirs anglais bondés de nurses snobs, de servantes timides et de maîtres d'hôtel condescendants, les riches canadiens sirotent un madère. Autour d'eux pas un pouce carré de mur ou de la table qui ne soit encombré, preuve de leur bon goût en matière de décoration intérieure...

Parmi tous les symboles d'appartenance sociale, le plus satisfaisant à l'époque est de posséder ses propres voitures de chemin de fer. Et puisque les riches ont investi la plus grande part de leur fortune dans les chemins de fer, ils acquièrent tout naturellement leur jouet. Ces voitures, comme les décrit un écrivain du temps, sont de véritables « coffrets à bijoux sur roues », décorés de chandeliers de cristal, de meubles recouverts de velours et de fleurs fraîches dans des pots de cristal. Dans un tel décor, on oublie presque l'inconfort occasionné par les rails du chemin de fer, si cahoteux par endroit que les baignoires se vident systématiquement de leur eau, laissant les baigneurs déconfits. Et la cargaison de champagne, toujours à portée de la main, tempère heureusement les aléas du voyage.

En dépit de leurs airs profondément supérieurs, la plupart de ces commerçants aristocrates éprouvent un sentiment d'insécurité dans leurs maisons de nouveaux riches et leurs beaux atours. Néanmoins, ils veulent bien être pendus plutôt que de renoncer à un robinet d'or ou un col de soie. En fait, ils croient sincèrement que leur habitude de dépenser sans compter constitue un acte patriotique. À ce sujet, le Journal of Commerce local écrit: « Les riches citoyens de Montréal doivent-ils cesser de dépenser leurs revenus librement ? Doivent-ils prendre à cœur le tollé de protestations contre leurs extravagances ? Dans un tel cas, les répercussions sur les affaires de la ville ne pourraient être que désastreuses. Et personne ne souffrirait plus des conséquences d'une telle décision que les gens de la classe industrielle, dans les poches desquels revient finalement la plus grosse partie de l'argent dépensé par les riches. »

Les riches d'alors se perçoivent comme les instruments de la volonté nationale; ils sont convaincus que leur succès financier personnel et la destinée de la nation sont inextricablement liés. Ils ont pour devise : « Aide-toi et le ciel t'aidera » et de fait ils ne se gênent pas pour subvenir à leur propres besoins. Si la volonté de Dieu est telle que seuls les plus vertueux accèdent à la richesse, alors leur fortune les désignera à la sanction divine. Ainsi pensent les riches Canadiens.

La source principale de cette avalanche de nouvel argent est la création des compagnies par actions. Au lieu des anciennes sociétés de personnes qui limitaient les profits selon des barèmes plus ou moins raisonnables, l'instauration des marchés boursiers permet, avec un investissement minimum, de manier les actions afin de prendre le contrôle d'énormes fonds communs. C'est ainsi

*Même s'ils aiment habiller leurs enfants comme s'il s'agissait d'adultes en miniature, les riches de Victoria comptent parmi les précurseurs qui distinguent l'enfance et le monde adulte. Les enfants doivent être protégés dans des garderies tenues par des nurses et dans des écoles privées afin de devenir, à la fin d'un long processus, de jeunes adultes élégants.*

que George Stephen, Donald Smith et trois des autres fondateurs du Canadian Pacific Railway empruntent 250 000 $ qu'ils investissent dans trois compagnies ferroviaires en faillite : Saint Paul Railway, Minneapolis Railway et Manitoba Railway. Après dix ans de manipulations d'actions, cette transaction devait leur rapporter 600 millions de dollars. Le gouvernement accorda par la suite une charte à environ 1 300 compagnies de chemin de fer. Grâce à la spéculation sur les actions, presque chaque compagnie est à l'origine d'une fortune familiale, même si, en réalité, très peu de voies sont construites et très peu de trains s'y engagent.

L'ère de la construction de chemins de fer et de la manipulation d'actions eut pour conséquence de relâcher les réserves éthiques des pionniers, à une époque où les gouvernements n'avaient pas encore compris qu'il relevait aussi de leur responsabilité d'intervenir sur le marché. À cette époque, permettre aux plus habiles et aux plus rapides de survivre était une idée largement acceptée. Ainsi, les riches et les puissants étaient admirés tandis que les pauvres et les sans travail étaient accusés de fainéantise, d'incompétence et de laxisme.

À l'image de cette conception Darwinienne, le monde des affaires des années 1890 souffre d'à peu près autant de contraintes que les pirates de haute mer. Les syndicats ouvriers sont petits et dépourvus de pouvoir ; l'impôt sur le revenu est inexistant ; les politiques tarifaires et de transport d'Ottawa sont conçues pour aider les grandes entreprises à s'enrichir davantage ; et les lois environnementales de même que les codes de sécurité sont des notions encore inconnues.

À l'été 1892, le total des billets de banques à charte en circulation atteint un sommet sans précédent dans l'histoire du pays. Au mois de novembre, par exemple, 39 318 218 $ changent de main. Fait à remarquer, au cours des vingt années antérieures, la valeur brute de l'industrie canadienne était passée de 221 millions à 370 millions de dollars, soit une augmentation de soixante-sept pour cent (les firmes les plus faibles étant absorbées par des rivales plus fortes). Toutefois, le ralentissement dans la construction des principaux chemins de fer, la menace d'une crise économique, et par-dessus tout une compétition féroce, rendent désormais les perspectives à court terme peu encourageantes. C'est ainsi que le journal d'affaires le plus important de l'époque, le *Canadian Grocer*, explique à ses lecteurs : « Les hommes se lancent en affaires pour gagner leur vie. Toutefois, il survient souvent des conjonctures qui entravent sérieusement la réalisation de leurs projets. La compétition est la plus grave de toutes. »

Et les affres de la compétition sont l'affaire des patrons, aucun employé ne s'en mêle. En effet, poursuit l'éditorialiste du *Canadian Grocer* : « Les heures de travail de l'employé sont fixes, il exécute un travail routinier, qui n'exige que peu de réflexion ou d'attention, sauf celle nécessaire à l'exécution honnête de ses tâches. Il connaît son salaire exact et, une fois sa journée de travail terminée, il peut retourner chez lui et ne plus penser à rien. Or, pour son employeur, les choses sont totalement différentes. Pour lui, il s'agit d'un travail assidu et incessant. Il ne peut jamais complètement oublier ses soucis financiers. Il n'a jamais droit à un moment de répit. »

La concurrence commerciale s'avéra dévastatrice. Afin d'apaiser les rivalités, les firmes tentèrent alors diverses formes de cartels et de monopoles. Ottawa se prêta au jeu, laissant fleurir sans aucune forme de contrainte les guildes de commerçants, les trusts, les associations, groupements et fusions de tout acabit, sa seule préoccupation étant de ne pas effrayer le peuple.

Ainsi se sont perpétuées et développées les jeunes dynasties financières canadiennes : les Dunsmuir en Colombie-Britannique ; la famille Burn dans ce qui deviendrait l'Alberta ; les Richardson à Winnipeg, les Eaton et les Massey à Toronto ; les Molson à Montréal. Ces grandes familles devinrent si puissantes qu'elles opérèrent presque en dehors des circuits financiers classiques. En 1897, sur son lit de mort John H.R. Molson (petit-fils du

L'industrialisation et la fabrication en série ont fait naître la publicité. Dans les années 1890, les techniques de vente varient des affiches colorées (gauche) de l'Acadia Powder Company aux garanties attrayantes des cartons publicitaires (droite, ci-dessous). D'autres petits cartons, en couleurs, souvent distribués dans les rues, constituent un autre support publicitaire en vogue utilisé, par exemple, à leur propre publicité (ci-dessous, gauche) ou à celles de cigares (centre, ci-dessous).

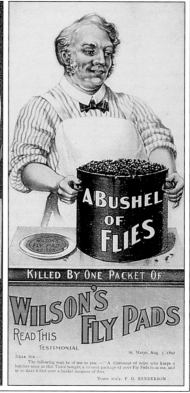

fondateur de la dynastie) dicte un message très révélateur à ses héritiers. «La famille Molson a toujours maintenu et préservé sa position d'influence grâce à un travail constant et patient, et chacun de ses membres devrait être un vrai travailleur et ne pas se cantonner derrière la réputation de la famille... Vos vies privées doivent être irréprochables. N'ayez aucun dérèglement de conduite, soyez capables de dire non fermement. Sachez que la force de caractère est le véritable trésor de la nature humaine.»

En 1892, sir Casimir Stanislaus Gzowski, un ingénieur et milicien russe né à Saint-Pétersbourg est probablement le marchand et l'aventurier le plus connu. Fils d'un officier de l'armée membre de la petite noblesse polonaise, Gzowski a d'abord émigré aux États-Unis en 1834. Après des études de droit et d'ingénierie, il participe à la construction de la plus grande partie du canal original et de l'infrastructure ferroviaire de la Pennsylvanie. Huit ans après son arrivée aux États-Unis, il part s'installer au Canada où il devient directeur des Travaux publics de la Province du Canada. On lui doit le prolongement de la rue Yonge jusqu'au lac Simcoe et la construction de plusieurs ports et chemins de fer, entreprises l'ayant naturellement rapproché des mieux nantis du pays.

Pendant les quarante années subséquentes, Gzowski deviendrait l'un des contracteurs les plus perspicaces et les plus en demande au Canada, bâclant son travail à l'occasion, mais sans jamais qu'on lui en tienne gré. Avec l'âge, il accéda même à une certaine reconnaissance sociale. Biffant son titre de contracteur de la liste officielle de recensement, il se présente désormais comme un gentleman et déménage ses pénates sur la rue Bathurst à Toronto, dans une imposante maison de briques entourée de serres, d'étables et même d'un pavillon pour les invités. Devenu un loyal anglican, il fait dorénavant partie de la haute bourgeoisie torontoise et se consacre dès lors à toutes les bonnes causes.

En 1890, peu de gens parmi les riches ont développé une grande conscience sociale et seuls quelques rares philanthropes (qui croient plus rentable d'offrir un bon emploi qu'un bon salaire) s'éveillent à tout le moins au sort des pauvres. Bien entendu, ils les paient le moins possible et leur imposent des conditions de travail à peine endurables, gardant apparemment à l'esprit le mot d'ordre d'Adam Smith selon lequel « c'est l'épargne et non le travail qui est la cause directe de l'accroissement du capital ». Malgré tout, ils croient à l'importance de jeter un voile bienséant sur leur richesse. C'est-à-dire de se préoccuper – ou du moins d'en avoir l'air – des pauvres. À l'époque où C. L. Burton est à la tête de l'empire Simpson, il écrit : «Faire la charité était une charge qui incombait aux familles riches. Cela faisait partie de la dignité et du devoir du riche que d'apporter son soutien à une œuvre charitable. Les familles établies ici depuis plus longtemps avaient créé ce qui équivalait à leurs propres institutions charitables qu'elles supportaient et qu'elles dirigeaient. Gare à tout nouveau riche qui s'ingérait ou tentait de s'ingérer dans une de ces œuvres charitables essentiellement privées. » Mais la charité a ses limites particulièrement quand elle dépend du caprice du riche. Ainsi, comme de plus en plus de travailleurs vinrent grossir les rangs de compagnies en pleine expansion, on assista à la naissance de syndicats voués à la protection de leurs droits. Déjà, vers la fin des années 1850, les boulangers de Victoria et les imprimeurs du Nouveau-Brunswick avaient donné le coup d'envoi au mouvement ouvrier canadien. Puis, la Loi de 1873 sur les syndicats ouvriers devait venir encourager l'expansion du mouvement. Afin d'assurer leur sécurité, les premiers syndicalistes canadiens se regroupent au sein de sociétés quasi secrètes et se rencontrent à huis clos sous le sceau du secret. Au nombre des demandes initiales du mouvement ouvrier, on trouve l'éducation gratuite obligatoire, des semaines de travail de six jours et des journées de huit heures, un salaire minimum décent, la prohibition du travail des enfants, l'abolition du Sénat, et l'interdit de séjour des Orientaux.

À cette époque, le mouvement le plus populaire est Les Chevaliers du Travail (Knights of Labour). Les leaders, dont certains sont Américains, font reculer l'Administration sur plusieurs questions épineuses. Toutefois, la plupart du temps, les revendications des travailleurs se butent à des régiments de milice, voire même à un navire de guerre de la marine nationale comme ce fut le cas lors d'un conflit impliquant des mineurs de charbon sur l'île de Vancouver. Même si l'Administration remporte la victoire à chaque grève, le **Canadian Manufacturer** se plaint que « la tyrannie du syndicalisme est tout simplement odieuse ».

Néanmoins, un vent de changement souffle sur le pays. Peu importe l'immensité des remparts abritant la classe dirigeante, une brèche est apparue, et rien ne sera désormais comme avant.

Malgré tout, les années 1890 seraient une décennie de contrastes saisissants et nulle part ce phénomène n'a-t-il été plus évident que dans la différence entre la richesse colossale de la classe des commerçants et la misère avilissante des plus pauvres parmi les Canadiens urbains. Contrairement à aujourd'hui, les pauvres d'alors ne jouissent d'aucune protection ; pire, leur condition est attribuée à leur faiblesse de caractère. La petite aide apportée par le gouvernement se limite aux équipements de « récréation publique » et aux « foyers pour les simples d'esprit ». On dit des pauvres qu'ils sont paresseux ou débauchés par nature, ainsi leur venir en aide est peine perdue.

Les pauvres vivent – ou plutôt survivent – dans des cabanes recouvertes de papier goudronné qu'ils louent six dollars par mois. Pour ce prix, ils voisinent avec des égouts à ciel ouvert et boivent de l'eau contaminée. Comme il y a peu d'emplois à temps plein les pauvres sont éternellement endettés et vivotent grâce aux petits salaires qu'arrachent à la sueur de leur front tous les membres de la famille. Quittant leurs terres ingrates, les gens de la campagne grossissent par ailleurs ces rangs.

Quant aux riches, ils s'efforcent d'ignorer la plèbe. Néanmoins certains drames émergent. Madame Agnes Warren, qui vit dans un camp de bohémiens à l'est de Toronto, est accusée du vol à l'étalage d'une boîte de saumon, qu'elle dit avoir prise pour nourrir sa petite fille. Le juge lui ayant infligé une peine de trente jours de prison, on rapporte que la femme eut « sept accès de crise », geignant qu'elle ne pouvait pas laisser sa petite se débrouiller toute seule. À la même époque, l'orphelinat Saint-Alexis de Montréal rapporte que seul un pour cent de ses pensionnaires sont de véritables orphelins, les autres ont été placés là par leur père et leur mère, afin qu'ils soient convenablement nourris.

En décembre 1886, Ottawa établit une commission royale d'enquête sur les relations entre le capital et le travail au Canada. Ayant reçu des témoignages de première main sur les mauvaises situations de travail prévalant à travers tout le pays, les commissaires produisent un rapport très critique et une longue liste de recommandations, dont une seule, hélas, est retenue par le gouvernement : l'instauration de la Fête du travail, congé férié… Mais les audiences de la commission auront au moins levé le voile sur la dure réalité prévalant au bas de l'échelle sociale.

Il ne fait pas de doute que le travail des enfants est le pire fléau de l'époque. Avec l'avènement de la machinerie moderne dans les manufactures, les employeurs recherchent plutôt chez leurs employés des qualités de persévérance qu'une véritable habileté à exécuter les tâches routinières : des enfants sous-payés semblent donc la main-d'œuvre idéale. Les conditions de travail sont rudimentaires. Voici comment la Commission décrit une manufacture typique de cigares : « Dans l'air suffocant où flottent des odeurs de tabac, d'huile de graissage, de transpiration et d'autres substances nauséabondes, sont assis les esclaves de la feuille. De sept heures du matin à six heures du soir, avec une petite heure pour déjeuner, jeunes et vieux, hommes et femmes, garçons et filles, triment dur pour un maigre trois dollars par semaine, quelquefois deux. Il n'y a ni toilettes, ni sorties de secours, ni équipements de ventilation : il n'y a rien d'autre que le travail et un contremaître brutal pour l'imposer. » Dans les manufactures de vêtements, des fers au gaz qui fuient transforment les salles de travail en véritables usines à sueur, la vapeur devenant parfois si épaisse que les travailleurs ont peine à se voir.

Au Québec, l'**Acte amendant la loi concernant la protection des employés dans les manufactures** de 1890 rend illégal l'emploi des garçons de moins de quatorze ans et des filles de moins de quinze ans, mais ce n'est

*La rue représente le seul terrain de jeu de nombreux enfants pauvres, tel ce jeune, pieds nus, assis sur les arches du grand escalier de Québec. Des enfants nécessiteux de Toronto vont passer une journée à l'exposition de 1892, grâce au Fresh Air Fund, organisme de bienfaisance destiné à aider les enfants qui vivent dans des taudis (en médaillon).*

là qu'un vœu pieux, les certificats de naissance étant facilement falsifiés. Dans le cadre d'un soi-disant « programme d'apprentissage », des patrons peu scrupuleux engagent de très jeunes enfants qu'ils ne paient pas, les congédiant dès que ce programme est terminé, puis recrutant de nouveaux « volontaires ». La commission allait découvrir que des enfants d'à peine dix ans travaillaient soixante heures par semaine dans des manufactures (et soixante-douze heures dans des emplois comme cireurs de chaussures ou domestiques) pour aussi peu que 1,50 $ par semaine – le sixième du salaire des adultes. Au Cap Breton, on trouva même des garçons de dix ans travaillant dans les mines de charbon.

Des organisations comme l'Armée du Salut et les Sœurs Grises faisaient tout ce qu'elles pouvaient pour aider ces pauvres enfants, mais les problèmes étaient énormes, et aucune personne en mesure de poser un geste concret ne semblait disposer à le faire. À la même époque, John Joseph Kelso, un reporter de la scène policière à l'emploi du *World* de Toronto, est horrifié de voir des enfants d'à peine six ans condamnés à la prison pour avoir volé des choses de première nécessité. Il est aussi profondément bouleversé par la tragédie d'une jeune prostituée de neuf ans qui gagne dix sous par client. Aussi, lorsque Kelso apprend qu'un groupe de personnes amasse des fonds pour prévenir la cruauté faite aux chevaux, il décide d'assister à leur meeting et les persuade de donner priorité à la misère humaine. Il fonde alors le « Children's Aid Society and Fresh Air Fund » et devient un des premiers réformistes sociaux à temps plein de Toronto.

Dès 1892, la plupart des provinces ont commencé à adopter une loi rendant l'école primaire obligatoire, souhaitant par là corriger certains des pires excès dans le domaine du travail des enfants. Mais un autre mode d'exploitation impitoyable subsiste : le travail domestique à la pièce. À un taux salarial n'égalant que leur misère, les femmes ramassent et transportent chez elles des montagnes de vêtements, exécutent l'ouvrage, puis attendent qu'un sous-entrepreneur ramasse enfin le travail fini. Une couturière adroite peut fabriquer un petit manteau croisé avec trois boutonnières et une demi-ceinture à l'arrière, pour la modique somme de quatorze sous. Les entrepreneurs de confection de sous-vêtements paient quant à eux quarante-huit sous la douzaine ou quatre sous pièce.

Pas surprenant, dès lors, que l'endroit le plus populaire des quartiers pauvres est la taverne. Dans *The City Below the Hill*, un des premiers bilans sur la pauvreté à Montréal, l'auteur, Herbert Brown Ames, recense le nombre de débits de boisson dans les quartiers ouvriers de la ville – 105 saloons et 78 épiceries vendent des spiritueux, soit une moyenne d'un commerce par trente-trois familles. C'est la même situation dans l'Ouest, où un tout petit village minier peut se vanter d'avoir un saloon par douze habitants parfaitement abrutis par la boisson. À Vancouver, on compte vingt-neuf brasseries pour une population de 25 000 habitants. Les Canadiens vident leur bière à longs traits au rythme annuel de quatre gallons par habitant.

Sous l'**Acte de tempérance du Canada**, voté en 1878, toute municipalité canadienne a le droit de se déclarer au régime sec. Mais les municipalités qui se réclament de cette loi ne font qu'encourager la consommation clandestine et le fruit défendu devient d'autant plus attrayant. Afin d'infléchir cette folle consommation d'alcool, on voit par ailleurs se multiplier les organisations prônant la tempérance : outre qu'elle mine la santé de qui en abuse, la liqueur diabolique est en voie de détruire nos familles, vilipendent les nouveaux partisans.

Leurs tournées de conférences sont même entravées par des militants de la ligne dure tels que Thomas Doutney, qui se présente comme un « un ex-marchand de liqueurs et un alcoolique repenti ». Il promet de monter un spectacle excitant mettant en vedette « une pléiade d'abstèmes ! des propos piquants ! une caricature des habitués de bars et de leurs propos subtils ».

Mais l'exagération dont font preuve les tenants de la tempérance et de la prohibition émousse l'impact de leur croisade. En 1892, un pamphlet affirmant que l'alcoolisme est héréditaire cite cet extrait provenant d'un organisme existant apparemment sous le nom de « Département de l'hérédité et de l'hygiène » : « Récemment, alors qu'une amie à moi incitait un garçon de deux (sic) ans à se joindre à la Bande de l'espoir, elle fut ahurie de l'entendre riposter : "Mais, vous ne savez pas ce que vous me demandez ! Ne plus jamais consommer d'alcool ? J'aime l'alcool plus que ma vie. Je ne pourrais jamais m'en passer." Vous pensez que l'alcoolisme est un caractère acquis chez cet enfant ? Que non. Ses parents sont les véritables fautifs. De mauvais grain jamais de bon pain... »

Les alcooliques ne sont pas les seuls à être mal considérés par la population canadienne en général. Les amérindiens et les membres de toutes les minorités ethniques n'ont pas droit à plus de respect. Il n'y a de salut que pour les anglophones blancs. Toute autre communauté est prétexte à moqueries. Ainsi les Noirs sont traités de « niggers », de « coons » ou de « darkies », les Chinois de « chinks », les Juifs de « yids » et les Québécois de « frogs ».

Le Canada d'alors est encore incertain de son destin et de ce que signifie être Canadien. Qui n'est pas un riche Anglo-Saxon ne sera jamais qu'un éternel étranger.

*Avec un tableau osé au-dessus du bar, un crachoir commodément placé et une clientèle sympathique, la Maison Hoffman, à Rossland, en C.-B., est typique des saloons de l'époque.*

# LES MÉTAMORPHOSES D'UNE SOCIÉTÉ

**L**ES ANNÉES 1890 APPORTENT UNE NOUVELLE ET FASCINANTE DIMENSION À LA VIE DES GENS : LA possibilité, du moins pour la plupart, de s'offrir des moments de loisir. Plus de Canadiens ont de l'argent à dépenser, et un grand nombre d'entre eux vivent en milieu urbain, où le divertissement de masse est accessible. En outre, la production littéraire est en pleine croissance de même que le développement des équipements sportifs, et plusieurs troupes ambulantes profitent du réseau ferroviaire pour envahir les salles de théâtre et les music-halls.

Toutefois, il est un loisir qui éclipse tous les autres : le cyclisme. Phénomène autant sociologique que sportif, la bicyclette va transformer le Canada.

Tout le pays connaît subitement un engouement pour la bicyclette. Voilà un véhicule à prix abordable qui offre aux citadins une grande liberté de mouvement. Et par-dessus tout, la bicyclette est accessible à toutes les couches de la société. Ainsi la blanchisseuse va pédaler côte à côte avec un banquier, tandis qu'un ramoneur de cheminées roule à côté de la femme du maire.

Les femmes réservent un accueil particulièrement enthousiaste à la bicyclette qui leur permet de voyager seules, là où elles le désirent et vêtues d'habits décidément très confortables : jupes-culottes, pantalons d'équitation et autres morceaux à jambes leur assurant une nouvelle liberté de mouvement. Bien sûr, ce

changement de mode, particulièrement l'apparition des culottes bouffantes, ne reçoit pas le même accueil partout. Ainsi, le *Saturday Night* critique cette nouvelle vogue : « La femme qui les porte fait peur à voir, peut-on lire. Les culottes bouffantes découvrent les jambes les plus informes qu'il ait été donné de voir ailleurs que dans une boucherie. »

Née en Angleterre, la bicyclette supplante l'ancien bicycle, bringuebalant avec ses deux roues d'inégale grandeur. Les roues sont désormais de même diamètre et actionnées par le mouvement d'un pédalier sur chaîne. Grâce à sa construction simple et à l'utilisation de pneus, la bicyclette est non seulement sécuritaire, mais confortable aussi. Partout, des écoles apparaissent, tandis que les clubs locaux et nationaux organisent des courses, des rallyes et des excursions. La « Dunlop Trophy Race », qui se tient au stade Woodbine de Toronto, rassemble quelque 12 000 spectateurs. Les salons de la bicyclette sont pris d'assaut par un public avide de découvrir les nouveaux modèles.

Comme toute grande innovation, par contre, la bicyclette a ses détracteurs. Ainsi, le *Whitby Chronicle* fait une sortie véhémente contre les cyclistes de l'extérieur de la ville « qui parlent mal et puent la transpiration et les effluves de la route. » Les dimanches ensoleillés, les fidèles désertent les églises pour aller à bicyclette. C'est l'instrument du diable ! clament les religieux. Et le révérend Asa Blackburn décrète que : « Nul ne peut servir Dieu et batifoler sur une bicyclette ! »

Toutefois, rien ne peut renverser le courant de liberté religieuse qui souffle subitement sur les villes canadiennes. Plus que toute autre phénomène, la bicyclette allait ébranler le pharisaïsme victorien et faire éclater les barrières sociales.

*La bicyclette donne une liberté et mobilité nouvelles aux cyclistes comme ceux-ci qui sont partis d'Ottawa pour une randonnée d'un jour à Aylmer, au Québec.*

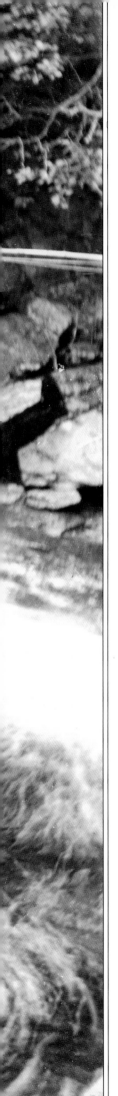

*Même au milieu des extra-
ordinaires changements nés
de l'industrialisation du pays,
certaines distractions d'autrefois
subsistent.*

Alors que les Canadiens sillonnent les routes au guidon de leur engin préféré, les premières lueurs d'une culture canadienne émergent. Les troupes de théâtre font leurs premières tournées transcanadiennes avec des spectacles cependant fort peu intellectuels. Les pièces à succès sont d'espèces de mélodrames empesés, aux décors criards et aux costumes lourds, dans lesquels les acteurs récitent des textes risibles, dignes des pires vaudevilles. L'intrigue touche rarement un sujet de nature sociale ou politique. Par contre les attentes de ce critique théâtral du *Globe* sont toujours comblées : « Ce que nous voulons, écrit-il, c'est que le brave soit récompensé et le vilain puni. » À l'époque, aucune allusion lubrique, si discrète soit-elle, n'est permise et même certains passages de la pièce de Shakespeare *Comme il vous plaira* sont censurés.

Mais rien de cela n'offusque les spectateurs. À l'inverse, on note une corrélation directe entre la nature saine d'une pièce et sa popularité, la nature saine étant ici définie selon le nombre de victoires du héros sans tache, un éternel macho au secours des vierges éplorées, sur le penaud vilain, toujours prêt celui-là à recevoir son châtiment. Afin d'être sûr que les spectateurs reconnaissent le méchant, on l'affuble généralement d'une grande cape noire et il se tortille le bout des moustaches pour un effet plus menaçant...

Le vaudeville est une autre forme de théâtre populaire, de même que les concerts (habituellement donnés sur des scènes extérieures éclairées par des torches au gaz) qui sont de véritables spectacles de musique. Ils mettent en vedette tantôt des chœurs d'anges (affublés d'ailes en papier mâché) ; tantôt des solistes (un des favoris est un trompettiste qui joue tout en se balançant sur un pied du haut d'un trapèze); et le plus souvent une parade de talents locaux qui s'égosillent interminablement au grand dam du maître de cérémonie. On compte aussi des spectacles ambulants de charlatans (véritables petits cirques), les expositions de monstres et d'animaux en cage et la triste fantaisie du Far West de Buffalo Bill Cody. La compétition est féroce au sein des spectacles ambulants et il n'est pas rare qu'un organisateur sabote les charrettes d'une troupe rivale, voire qu'il incendie des ponts afin de leur bloquer la route jusqu'à la prochaine foire.

Quant à l'écriture, c'est un métier à peine plus noble. Les auteurs, tels que Pauline Johnson, font la tournée des mêmes grandes salles dévolues aux troupes de théâtre où, vêtus d'habits sombres, ils récitent leur texte sur un ton dramatique.

Le roman est dominé par les mêmes intrigues qui font la gloire du théâtre populaire de l'époque – histoires de vierges menacées des pires atrocités et que seul l'insipide héros peut secourir, avant de reprendre sa chevauchée dans le soleil couchant à la recherche d'une autre vierge martyre. Heureusement, certains romans visent plus haut et leurs auteurs sont en voie d'atteindre une réputation internationale. Parmi eux : Archibald Lampman, Duncan Campbell Scott (un poète qui deviendrait directeur de la division des Affaires indiennes à Ottawa), la romancière Sara Jeannette Duncan, le poète Bliss Carman et sir Charles G.D. Roberts (le premier écrivain canadien à être fait chevalier).

À cette époque, plus de mille magazines sont publiés au Canada. Le plus en vue est le *Saturday Night* dont le rédacteur en chef, Edmund Sheppard, a déjà été ministre dans l'Ontario rural, mais qui a passé toute sa jeunesse à mener le bétail et conduire des diligences à travers les régions sauvages du Texas. Pour leur part, P.D. Ross du *Ottawa Journal* et John S. Willison du *Globe* de Toronto sont les deux plus grands éditorialistes de l'heure, tandis que Joseph « Holey Joe » Atkinson s'apprête à faire du *Toronto Star* (fondé en 1892) le journal populiste à plus grand tirage du pays. Pendant les années 1890, les journaux deviennent d'importants véhicules de divertissement populaire. Aussi, les rédacteurs en chef et les éditeurs font-ils preuve de beaucoup d'imagination pour attirer les lecteurs et les commanditaires.

Sur quelque douze peintres actifs en 1892, peu devaient laisser une réputation posthume importante. Néanmoins, leurs œuvres fournissent de charmantes images de l'époque. On nommera Lucius O'Brien (qui exécute les premières scènes des Rocheuses vues de la voie ferrée) ; George Reid (dont le tableau *La saisie d'hypothèque* est utilisé comme poster à la fois par les Grits et les Tories lors de leurs campagnes de 1891) ; Frederic Marlett Bell-Smith (dont *Les lumières de la ville* orne la couverture de ce livre, et qui a eu l'honneur de peindre la reine Victoria en 1895) ; Homer Watson (probablement le meilleur artiste de l'époque, surnommé par Oscar Wilde « le Constable canadien » ; William Raphael (premier grand peintre Juif du Canada, il fait surtout des scènes de la vie montréalaise) ; Horatio Walker (qui s'intéresse à la vie du Québec rural, particulièrement aux petites écoles de rang) ; Robert Harris (originaire de l'Île-du-Prince-Édouard, il peint les Pères de la Confédération) ; Paul Peel (mort en 1892, il est reconnu pour ses émouvants tableaux représentant des enfants) ; Ozias Leduc (dont les toiles évoquent un profond sentiment religieux) ; et Edmond Dyonnet (qui jouit aussi d'une excellente réputation comme professeur).

Le plus populaire penseur du jour est Goldwin Smith, un diplômé du Eton College et de l'université d'Oxford, où il enseignera plus tard l'histoire moderne et deviendra un fidèle adepte du libéralisme en vogue à Manchester, doctrine du laisser-faire qui serait aujourd'hui considérée d'extrême droite. Il s'installe à Toronto en 1871 et devient un journaliste très influent du Canada anglais. Son cheval de bataille : l'assimilation de la culture canadienne-française et du peuple juif, grâce à une expansion musclée de la civilisation anglo-saxonne. Smith est aussi un ennemi acharné de l'émancipation féminine. Selon lui : « Lorsque les femmes seront sur le marché du travail, il s'ensuivra des problèmes conjugaux. Si la femme veut obtenir l'égalité, elle devra renoncer

à certains privilèges, car elle ne peut être à la fois la partenaire et la compétitrice de l'homme. »

Sa plus grande influence, Smith l'exerce en 1891, lors de la publication de son ouvrage *Canada and the Canadian Question*, dans lequel il suggère que le Canada devienne « l'Écosse de l'Amérique du Nord » et s'annexe aux États-Unis. Ses conclusions découlaient d'une certaine conception des Canadiens et des liens qui les unissent, selon laquelle ceux-ci ne sont alliés ni par les liens géographiques naturels, ni par la race, ni par la langue ni par l'économie, mais par la corruption politique et les droits acquis des manufacturiers protégés par le système. L'historien canadien moderne Carl Berger écrit : « Même si son analyse et sa conclusion plongeaient leurs racines dans les circonstances de l'époque, le livre de Smith allait bien au-delà de ses origines immédiates pour devenir une des plus saisissantes et des plus provocantes critiques encore jamais écrites sur le Canada. Il s'agissait d'une série très éclairante d'impressions, démontrant une fine connaissance de l'histoire sociale du Canada, de ses habitudes politiques, de sa vie culturelle et des ambiguïtés de sa croissance économique. »

Le Canada des années 1890 réunit une impressionnante brochette d'artistes de tous les domaines. Mais tel que l'histoire le démontre aujourd'hui encore, c'est un pays où il est difficile de vivre sa culture. Psychologiquement, les Canadiens se perçoivent encore comme des colons, pâles imitations de leurs mentors et suzerains britanniques et incapables de grandes réalisations.

Pendant ce temps en Grande-Bretagne, la reine Victoria règne avec assurance sur son trône, sourde aux problèmes des femmes de son royaume qui, comme les enfants et les pauvres d'esprit, ont bien peu de droits et encore moins l'occasion de s'en prévaloir. Pareilles aux voix venant des coulisses dans les pièces de Shakespeare, elle sont présentes, mais ne laissent aucune empreintes personnelles.

*La saisie d'hypothèque de George Reid. L'artiste illustre de façon poignante les difficultés des nombreux agriculteurs pendant la crise du début des années 1890.*

*Photographie du studio
William Notman montrant une
cultivatrice qui cuit du pain dans
un four d'argile, en plein air, dans
une localité rurale du Québec.*

Bien que le Canada en 1892 semble regorger de possibilités de toutes sortes, les choix de la femme sont quant à eux plus restreints que jamais. Alors que la Canadienne de la génération précédente était une véritable partenaire, qui aidait à défricher la terre, puis qui confectionnait des vêtements, qui barattait le beurre, qui fabriquait des chandelles et des courtepointes, agissant aussi bien comme enseignante, chef spirituel et médecin de famille, la femme de la nouvelle génération est bien autre. Avec l'urbanisation et l'industrialisation qui ont cours au Canada, son statut périclite et de précieuse collaboratrice elle devient une femme d'intérieur et une consommatrice, achetant désormais ce qui lui manque au lieu de le fabriquer.

Bien qu'elle ait dorénavant plus de temps pour s'épanouir, la femme des années 1890 est peu choyée en matière d'occupation. La plupart des emplois exigent un travail fastidieux. Les métiers supérieurs – l'enseignement et les soins infirmiers, l'obstétrique et le métier de nurse – sont presque exclusivement réservés aux femmes célibataires. Les études post-élémentaires se limitent principalement à l'apprentissage d'arts « gentils », c'est-à-dire à rien de pratique ni de controversé. Les filles des familles bien fréquentent l'université où on les convainc rapidement qu'elles sont de « frêles vaisseaux », beaucoup trop innocentes pour être soumises aux dures réalités de la vie. Encore pire, on les avertit qu'un « travail intellectuel trop intense » pourrait nuire à leur maternité potentielle. Comme le décrit un manuel de sexologie de l'époque : « Les filles normales qui espèrent trouver un bon époux feraient bien d'éviter de se faire instruire et de se rappeler que l'avantage personnel que leur procure une bonne instruction va à l'encontre de leur rôle de mère. » Ce même manuel soutient que les hommes sont, par nature, plus intelligents que les femmes.

Sur un ton plus progressiste cette fois, un thérapeute du nom de F.B. Meyer maintient qu'une femme peut avoir accès à certains morceaux choisis sans qu'il en résulte des dommages permanents. « Imaginez comme elle restera sagement assise pendant qu'on lui lit un article du journal ! Combien elle sera prête à un gros effort de compréhension ! Combien elle sera heureuse lorsqu'elle repensera à sa conversation avec son mari et qu'elle réalisera que celui-ci la trouve assez importante pour partager avec elle ses meilleures pensées ! »

Aujourd'hui risible, la subordination des femmes est alors institutionnalisée. En se mariant, une femme renonce à tous ses droits légaux. Elle ne peut posséder aucune propriété et son mari a le loisir de la punir quand bon lui semble. En échange, elle évite le pire des embarras : devenir une « vieille fille » ; condamnée à vivre toute sa vie avec un membre condescendant de la famille, ou encore seule et, trop fréquemment, dans la pauvreté.

Les vertus idéalisées de la fin de l'époque victorienne sont la respectabilité et la distinction, qualités qui chez une épouse se traduisent par une dose démesurée de modestie, de piété et de soumission à un mari pourvoyeur. Les frustrations psychologiques, économiques et sexuelles qui en résultent sont sans doute immenses, mais si larmes il y a, c'est en privé qu'elles coulent. On ne sait rien de tous ces espoirs anéantis.

La petite poignée de militantes féministes d'alors ne cessent de proclamer que leurs sœurs ne perdront pas leurs qualités féminines en faisant un travail dévolu aux hommes. Paradoxalement, dans ce processus, elles perpétuent le mythe selon lequel la femme est plus pure et moins grossière et égoïste que l'homme. Et les stéréotypes qui ne sont pas dénoncés s'enracinent : l'homme est dur et méchant tandis que la femme bat des paupières en prenant un air à moitié intelligent.

Être maîtresse de maison signifie s'occuper du mari, du foyer, et des enfants. Le dévouement d'une bonne épouse se traduit par une table ployant sous des victuailles (car l'embonpoint est synonyme de richesse) qui n'ont rien d'un régime équilibré. L'accent est mis sur le sucre (en 1892, la consommation de sucre est de quarante-deux livres par personne) et le thé (dix-huit livres).

À l'instar d'un certain
nombre d'actrices de
la fin du XIXᵉ siècle,
Julia Arthur,
de Hamilton, connaît
un succès international
et est finalement
acclamée comme la
« Sarah Bernhardt de
la scène américaine ».

Les problèmes conjugaux sont fréquents, mais le divorce est rare. On croit préférable, et de loin, de garder les familles unies, même si elles sont malheureuses, plutôt que de risquer une séparation légale. Une blague classique qui court à l'époque dépeint un mari malheureux en train de faire son testament dans lequel il donne à sa femme le droit de se remarier après sa mort, « parce que je peux être assuré qu'il y aura au moins une personne à pleurer quotidiennement ma mort ».

Il faut dire que se marier n'est pas une mince affaire. La cour amoureuse est régie par des coutumes très strictes. Les jeunes filles et leurs soupirants sont constamment accompagnés de chaperons, généralement des tantes, elles-mêmes mariées, ou des cousines célibataires, et même les couples fiancés n'échappent pas à un tel traitement. Bien que l'extrême puritanisme soit en voie d'extinction – la vertu étant désormais une affaire d'apparence –, les mœurs sexuelles souffrent encore de la froideur moralisatrice. Alors que les puritains condamnaient l'indulgence sexuelle sous prétexte qu'elle est vile et qu'elle mène à la damnation éternelle, les Victoriens la condamnent parce qu'elle nuit à la réputation des gens bien. Même au sein des spécialistes, on étale une ignorance des fonctions sexuelles normales. Ainsi, le très influent journal britannique de médecine *Lancet* publie un article très poussé sur les raisons pour lesquelles les femmes ne peuvent aimer la sexualité, à moins d'être des prostituées.

La mode féminine est aussi le reflet des attitudes sexuelles bornées du temps : colliers près du cou ; corsets lacés très serrés ; robes rembourrées ; jupes serrées aux hanches et s'évasant jusqu'au sol, cheveux remontés et attachés par-dessus des postiches. Plus la femme est riche, plus son costume est encombrant et l'empêche d'effectuer les tâches même les plus simples. Ce qui n'est pas sans susciter un certain attrait. Plus la robe est encombrante, plus elle suscite la protection masculine.

Les femmes qui travaillent hors du foyer vivent une double discrimination touchant les postes autant que les salaires qui leur sont offerts. En 1892, au Canada, les hommes enseignants gagnent en moyenne 776 $ par année contre 358 $ chez les femmes. Il arrive que des femmes exercent une profession réservée aux hommes, mais elles restent l'exception. Il faut attendre 1893 avant que Clara Brett Martin (de Toronto), la première avocate canadienne, soit admise au barreau. Sara Jeannette Duncan, une enseignante, a d'abord écrit pour le *Toronto Globe* et le *Washington Post* sous le nom de plume de Garth Grafton, avant de devenir la première correspondante parlementaire, plus tard une romancière. Cora Hind (de Winnipeg), la première journaliste de l'Ouest canadien, a travaillé pendant des années comme sténographe avant d'être journaliste agricole au *Free Press*. Enfin, Augusta Stowe Gullen, la première Canadienne à pratiquer la médecine de façon légale, a presque laissé tomber sa formation tellement elle était harcelée par ses collègues masculins qui lui rendaient les études presque impossibles.

La scène est à peu près le seul domaine où les femmes se retrouvent en grand nombre. Des étoiles comme Marie Dressler de Cobourg, Julia Arthur de Hamilton, Louise Beaudet de Montréal, Ethel Mollison de Saint-Jean (N.-B.), Margaret Anglin d'Ottawa, Caroline Miskell de Toronto, Margaret Mather de Tilbury en Ontario, et May Irwin de Whitby en Ontario, font fortune en jouant et en chantant partout à travers le monde.

En 1892 les femmes se butent à un monde hostile à leurs aspirations, mais le vent de réforme est juste assez fort pour leur permettre une vie meilleure et plus intéressante dans un proche avenir.

# RÉTICENCES
# CHEZ LES PREMIERS MINISTRES

**A**PRÈS LE DÉCÈS DE SIR JOHN A. MACDONALD, LA POLITIQUE CANADIENNE NAGE DANS LES eaux troubles. Le vieux chef n'est plus et il n'y a personne pour le remplacer. En attendant, des courants agités menacent de faire surface. Ni les conservateurs ni les libéraux ne le savent encore, mais 1892 verrait la fin du parti de Macdonald et l'arrivée de l'homme qui ferait entrer le Canada dans le vingtième siècle.

L'héritier naturel de Macdonald aurait dû être sir Charles Tupper, son partenaire dans toutes les batailles : l'élaboration de la Confédération, la construction du C.P.R., la conception de la Politique nationale et la lutte contre la politique de réciprocité avec les États-Unis. Mais lorsque Macdonald meurt, Tupper siège confortablement comme Haut-commissaire du Canada au Royaume-Uni. Il n'occupe pas de siège au Parlement et ne manifeste aucun enthousiasme à l'idée de retourner dans l'arène politique canadienne.

Parmi les autres candidats, la préférence de Macdonald va à John Thompson, l'ancien premier ministre de la Nouvelle-Écosse, dont il a déjà dit qu'il est « sa plus grande découverte ». Hélas, Thompson est catholique (et qui plus est un catholique converti) ce qui est inconcevable pour la plupart des conservateurs ontariens. En outre, il a approuvé l'exécution de Riel, ce qui le rend tout aussi impopulaire au sein du caucus québécois.

L'improbable candidat du compromis reste John Joseph Caldwell Abbott, le moins enthousiaste et le moins actif des premiers ministres de toute l'histoire canadienne. Âgé de soixante-dix ans au moment où il devint le chef du parti conservateur, Abbott est un sénateur vanné. Il a fait fortune en agissant comme conseiller juridique en chef du C.P.R. d'abord sous la gouverne de sir Hugh Allan, lors de la première tentative de construction, puis sous la gouverne du syndicat formé par Smith-Stephen. Pendant plus de trente ans il est le député conservateur du comté d'Argenteuil puis il est nommé au Sénat en 1887, l'année même où il est élu maire de Montréal. Il semble consacrer peu d'énergie à l'une ou l'autre de ses fonctions préférant se livrer à la culture des orchidées sur son domaine de Senneville, à l'extrémité ouest de l'île de Montréal, et jouer à ses deux jeux préférés, le whist et le « cribbage ». Décrit comme un « concierge », Abbott est choisi comme premier ministre parce que, explique-t-il modestement, « je n'étais pas particulièrement insupportable à quiconque ».

« Je déteste la politique et toutes les méthodes qu'on applique en son nom, admet candidement Abbott. Je déteste la notoriété, les meetings publics, les discours publics, les réunions de caucus et tout ce qui se rapporte aux vicissitudes de la politique – sauf faire le travail public au meilleur de ma connaissance. Pourquoi irais-je là où le travail honnête ne m'attirerait que haine et impopularité ; et où je ne pourrais acquérir une bonne réputation et une certaine crédibilité qu'en exerçant une carrière que je déteste ? » Dès son entrée en politique, Abbott est exaspéré par tous les plaideurs qui viennent à Ottawa représenter les citoyens de leur circonscription dans toutes sortes de causes ou de projets inimaginables. « Si ce n'était des différentes députations qui quémandent de l'argent et des terres et des gens qui demandent des emplois et des petits bénéfices, je m'en tirerais assez bien », confie-t-il à son journal – ignorant que c'est précisément en s'occupant de ce genre de revendications que Macdonald a pu bâtir et maintenir la puissante machine du parti conservateur.

La seule condition posée par Abbott pour devenir chef est que Thompson, l'ancien ministre de la Justice sous Macdonald, devienne le leader du gouvernement à la Chambre des Communes. Thompson accepte, mais refuse d'occuper le siège de Macdonald à la Chambre. Ainsi la place reste inutilisée, comme le chandail d'un grand hockeyeur, et le vide qu'elle laisse est terriblement éloquent.

Le 24 novembre 1892, seulement dix-sept mois après son entrée en fonction, Abbott ne peut plus supporter la tension et démissionne tout en recommandant Thompson à sa succession. Cette fois, le politicien de la Nouvelle-Écosse accepte et la cérémonie d'assermentation a lieu le 7 décembre. Les protestants qui acceptèrent un poste dans le Cabinet de Thompson reçurent du courrier haineux les accusant d'être les pions des jésuites. Toutefois, une partie de ce tumulte devait cesser lorsque Thompson nomma un intransigeant grand maître des loges orangistes de l'Amérique du nord britannique au poste de contrôleur des douanes.

Alors un solide gaillard de 48 ans, Thompson porte des favoris touffus qui descendent presque jusqu'à sa mâchoire. Bien qu'il ait tendance à l'embonpoint (son sport préféré est d'être transporté en canot le long du canal Rideau), l'homme n'a rien d'un indolent. Économe et d'une honnêteté scrupuleuse, Thompson ne correspond pas à l'image du bon vieux conservateur. Il est trop formaliste et trop intelligent pour passer la pommade aux bonzes du parti. Il gagne néanmoins leur admiration, laissant dès lors à ses troupes bien peu de matière à moquerie (ce qui n'avait pas été le cas de son prédécesseur). La seule histoire qui resterait de son périple à Ottawa est un quolibet lancé à Lady Aberdeen lors d'un dîner à la résidence du premier ministre, un soir d'été, qui avait suggéré qu'on ferme les fenêtres afin de laisser les moustiques à l'extérieur. « Ne vous inquiétez pas, fit Thompson. Priez plutôt. Car j'ai bien peur qu'ils ne soient tous à l'intérieur. »

Alors qu'Abbott avait réussi à s'impliquer le moins possible – c'était comme si le bureau du premier ministre était resté vacant pendant dix-sept mois – Thompson ne s'en tirerait pas aussi facilement. La récession continuerait de frapper durement et les scandales, latents depuis l'époque de Macdonald, se manifesteraient sous sa gouverne. Mais la source de son problème majeur serait un fantôme.

Ce fantôme agité est nul autre que celui de Louis Riel, le Métis mystique qui a été à la tête de deux soulèvements, qui a obtenu un statut provincial pour le Manitoba et procuré un sentiment de fierté à son peuple. Ces deux petites rébellions ont causé un sentiment d'inquiétude chez la plupart des Canadiens – le Canada ayant toujours été plus habile à traiter avec les fonctionnaires qu'avec les rebelles. Le généreux mélange d'habileté

*Le Canada a deux premiers ministres en 1892. John Abbott (gauche) gouverne du décès de Macdonald jusqu'en novembre et John Sparrow Thompson (droite) lui succède.*

politique et de fanatisme de Riel allait polariser le pays pendant plusieurs décennies après la défaite de son armée miniature à Batoche et sa condamnation à mort à Regina. En 1885, durant ce procès qui allait marquer l'histoire du Canada, le leader métis refusa de plaider l'aliénation mentale qui lui aurait pourtant sauvé la vie – mais aurait entaché sa cause.

La pendaison de Riel suivit rapidement et donna lieu à la plus durable légende du jeune pays. Charismatique et irrésistible rebelle dans une mer de conformistes écœurants et pointilleux, Riel allait se réincarner dans une série de mythes contradictoires. Pour certains, il resterait le bon Français isolé, qui se battait pour le

*Louis Riel, pendant son procès à Regina, en 1885. La question du sort de Riel divise le Canada dans les domaines de la religion et de la langue, en plus de scinder le parti conservateur.*

seul honneur de son peuple, et qui avait été victime du racisme des Anglo-Saxons et de leurs préjugés religieux. Pour d'autres, il n'était qu'un papiste fanatique qui se prenait pour un saint homme et qui avait tué un loyal orangiste (Thomas Scott, un prisonnier insoumis de la Colonie de la rivière Rouge) et, pour cette raison, il méritait de mourir. Pour la plupart, enfin, il représentait le héros canadien type – l'homme bien intentionné, l'idéaliste victime de ses propres illusions qui était mort prématurément pour avoir soutenu qu'il était sain d'esprit.

Au Québec, la tempête d'émotions soulevées par la pendaison de Riel serait âprement exploitée par Honoré Mercier, le chef du parti national, qui s'employa à transformer la paisible population du Québec en une

La bibliothèque du Parlement, à Ottawa, reste le seul vestige des anciens édifices du Parlement construits dans les années 1860. Wilfrid Laurier, avant de se voir offrir la direction du parti libéral, y vient souvent lire, pelotonné dans un coin.

foule conscientisée à l'honneur de sa race et cherchant vengeance. Sans doute parce qu'il réalisait que l'Ontario orangiste constituait la base de son électorat, Macdonald ne fit nullement preuve de sa clémence habituelle lorsqu'il reçut de nombreuses demandes pour gracier Riel. « Il sera pendu, trancha-t-il, même si tous les chiens du Québec devaient se mettre à aboyer en sa faveur. » Dix-sept députés conservateurs québécois claquèrent alors la porte du parti. Dalton McCarthy, ancien homme de confiance de Macdonald, qui avait ensuite pris la tête d'un bataillon de 13 collègues conservateurs dénonçant la politique pro-francophone du chef, se mit à arpenter le pays avec un violent discours anti-catholique. Résultat : en 1887, lors des premières élections fédérales après l'exécution de Riel, les libéraux seraient majoritaires au Québec pour la première fois depuis 1874.

En 1892, les problèmes religieux et ethniques qui ont cours au Canada se trouvent amplifiés par une situation héritée du temps d'Abbott (et dont il ne s'est pas préoccupé, comme bien d'autres choses) : celle des écoles du Manitoba.

À la suite de l'affaire Riel, l'intolérance religieuse et ethnique avait continué à gronder sur les rives de la rivière Rouge. En 1890, au Manitoba, dans un effort pour sauver son gouvernement chancelant, le terne libéral Thomas Greenway mise sur le sentiment anti-francophones suscité par la visite d'orangistes ontariens et fait adopter une loi qui abolit le français comme langue officielle puis retire l'aide gouvernementale aux écoles catholiques. Ainsi le double système scolaire, pourtant inscrit comme une garantie à perpétuité dans l'Acte qui avait présidé à la formation du Manitoba, en 1870, est révoqué. La chose prend rapidement l'ampleur d'un débat national opposant non seulement les francophones contre les anglophones et les protestants contre les catholiques, mais qui met en jeu toute la question des droits d'Ottawa sur ceux des provinces et ceux de l'Église sur l'État.

À l'unanimité, la Cour suprême du Canada invalide la loi du Manitoba, pensant régler définitivement le problème. Mais en juillet 1892, le comité en matière judiciaire du Conseil privé de la Grande-Bretagne confirme à la législature du Manitoba le droit d'adopter cette loi.

La malchance des conservateurs a été d'hériter d'une de ces questions insolubles (comme le problème Schleswig-Holstein) et dont la politique du dix-neuvième siècle semblait se glorifier. Thompson demanda à la Cour suprême s'il pouvait intervenir. La Cour statua que non, mais la cause fut à nouveau soumise au Conseil privé de Londres. En décembre 1894, un mois avant que Londres décide qu'Ottawa avait le droit d'intervenir, Thompson meurt d'une crise cardiaque pendant sa visite au château de Windsor. Son successeur, Mackenzie Bowell, un orangiste ontarien qui récolte l'emploi parce que personne d'autre n'en veut, se montre incapable de forcer le gouvernement manitobain à rétablir les écoles françaises, et la moitié de son Cabinet démissionne. Finalement, Bowell quitte son poste. Pour tenter de sauver le parti, Tupper, le « bélier » vieillissant de Macdonald, prend la relève le 1er mai 1896. Mais les cartes sont déjà jouées et le parti tombe le 23 juin 1896.

En 1892, Wilfrid Laurier ne se serait jamais douté qu'il serait l'homme à profiter d'un tel désastre. L'année précédente, rêvant de clore les 13 années de débâcle de son parti, il n'avait pas réussi à vaincre le vieux chef (dont ç'avait par ailleurs été la dernière campagne). Expérience humiliante, d'autant que Laurier n'avait jamais voulu prendre la tête du parti libéral. Il avait cédé devant l'insistance de l'ancien chef Edward Blake.

Après coup, on a fait l'éloge de Laurier comme étant le sauveur du Canada. Ainsi, Bruce Hutchison, dans son livre sur les premiers ministres canadiens, écrit : « Sa plus grande réussite fut lui-même — un esprit d'un niveau moral unique dans la race canadienne. À cause de la richesse extraordinaire de son personnage, aucun de nos premiers ministres n'a pu atteindre la sérénité, la noblesse intérieure, la grandeur d'âme, la délicate touche

féminine, le pouvoir mystique sur les autres hommes et le charisme personnel de Laurier. Il était à la fois un saint, un autocrate et un acteur — un politicien romantique qui exprimait ses rêves et ceux du Canada. » C'est là une évaluation généreuse et combien vibrante.

L'homme a tant fait pour le Canada qu'on oublie qu'il s'est d'abord opposé à la Confédération. Ce n'est qu'après une brève période à la législature du Québec qu'il s'est réconcilié à l'idée d'un Québec dans le Canada. Puis en 1874, il est élu à Ottawa sous la bannière libérale, amorçant une carrière fédérale qui durera quarante-cinq ans.

Membre du Cabinet dans le gouvernement d'Alexander Mackenzie, il assure les fonctions de chef de l'aile québécoise du parti libéral. Toutefois, après les défaites libérales de 1878 et de 1882, il semble perdre son intérêt pour la politique. Les journaux le surnomment « Laurier le paresseux » et comme le grand John Dafoe du Winnipeg Free Press le rappellera plus tard : « Cette grande silhouette à l'air digne et aristocratique était une figure familière de la Chambre et de la bibliothèque, où on pouvait le trouver chaque jour niché dans un petit coin sympathique. »

Personne ne sait ce qui a sorti Laurier de sa torpeur et l'a lancé sur la voie du succès. Est-ce parce qu'on l'a torpillé à la tête du parti libéral ? Ou encore, comme l'a suggéré Sandra Gwyn, est-ce à cause de la femme derrière l'homme ? Non pas sa femme Zoé, mais bien Émilie Lavergne, la femme de son vieil associé dans son cabinet d'avocats. Selon la rumeur, elle et Laurier auraient eu une aventure qui aurait duré plusieurs dizaines d'années. On chuchotait même que Laurier était le père de son fils. Peut-être est-ce donc Émilie qui l'a secoué et qui l'a soutenu durant les jours difficiles qui ont suivi sa défaite aux dépens de Macdonald. Peu importe, le résultat fut immense.

Alors que les conservateurs devenaient de plus en plus grincheux, Laurier et ses « heureuses façons » d'en arriver à des compromis se firent de plus en plus attrayants. Durant la campagne de 1896, il choisit de ne pas se prononcer sur le problème manitobain, comptant que les Québécois voteraient de toute façon pour un des leurs. C'est ce qui arriva. Et le 23 juin, Laurier serait élu pour faire entrer la nation dans le siècle qu'il prédisait être celui du Canada.

*Wilfrid Laurier en 1891. L'épingle de cravate, en fer à cheval, représente un signe distinctif de Laurier au même titre que la rose de Pierre Trudeau.*

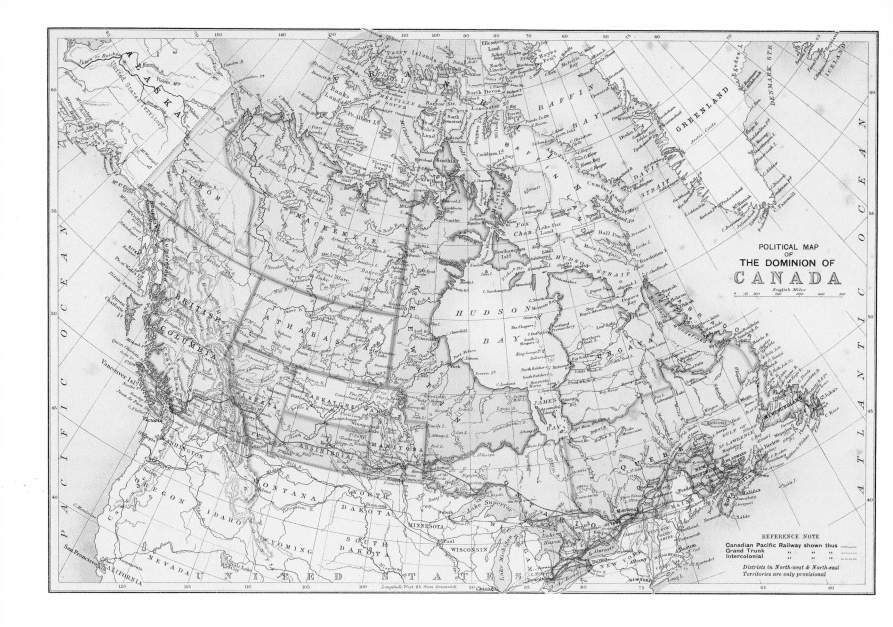

# 1892 : L'ALLURE DU PAYS

Jeter un coup d'œil sur la carte géographique du Canada en 1892, c'est comme regarder le vieux plan d'une ville qui nous est familière : si le cadre est bien le même, le détail a changé.

Sur cette carte, on remarquera que le Nouveau-Brunswick, la Nouvelle-Écosse et l'Île-du-Prince-Édouard se présentaient déjà tels qu'ils sont aujourd'hui, tandis que Terre-Neuve, qui avait choisi de ne pas intégrer la Confédération, constituait une colonie à part. Le Labrador, alors sous la juridiction de Terre-Neuve, était une mince lisière chevauchant le continent. Nul ne savait d'ailleurs où finissait le Labrador et où commençait le Canada.

L'Ontario et le Québec possèdent la même frontière sud aujourd'hui qu'à l'époque alors que les frontières nord étaient bordées par les districts de Keewatin et d'Ungava, une partie des Territoires du Nord-Ouest cédées au Canada par la Compagnie de la baie d'Hudson en 1870. Le Manitoba, pris à même les Territoires du Nord-Ouest en 1870, s'étendait entre le district de Keewatin et la Saskatchewan. À travers les districts d'Alberta, de Saskatchewan, d'Assiniboine et d'Athabasca, on pouvait deviner le contour des futures provinces de l'Alberta et de la Saskatchewan. Paradoxalement, Regina n'était pas dans le district de Saskatchewan mais bien dans celui d'Assiniboine.

La Colombie-Britannique était essentiellement telle qu'on la trouve aujourd'hui, bien qu'on eût des doutes à savoir où finissait la province et où commençait l'Alaska. Et même si le Yukon semblait séparé des Territoires du Nord-Ouest, il ne le serait pas effectivement avant 1898.

Enfin, les petites lignes rouges parcourant la carte représentent le réseau de chemin de fer, qui tenait en outre un rôle de premier plan dans l'unification du pays.

# 1 8 9 2

# UNE CHRONIQUE DE L'ANNÉE

Ce fut l'année où le monde entier découvrit le magazine *Vogue*, le cold cream, les ananas en conserve, les pochettes d'allumettes, la version originale des *Aventures de Sherlock Holmes*, et le ballet *Casse-Noisette* de Tchaïkovski. Quatre cents ans après la conquête du Nouveau Monde par Christophe Colomb, et deux cent cinquante ans après la fondation de Ville-Marie, la future ville de Montréal, par Maisonneuve, le Canada célébrait quant à lui le vingt-cinquième anniversaire de la Confédération. La vie n'avait jamais été aussi douce pour les citoyens du dominion, qui jouissaient des merveilles du transport public, de l'éclairage électrique et du chauffage central. Leurs tâches quotidiennes étaient désormais facilitées par l'invention du standard téléphonique et la première capsule de bouteille vraiment hygiénique.

Alors que les progrès technologiques allaient se multipliant les changements sociaux, eux, stagnaient. Grâce à la détermination de Clara Brett Martin à devenir avocate, un projet de loi était déposé à la législature ontarienne reconnaissant bel et bien le droit des femmes aux études et à la pratique du droit. Mais cette victoire ne serait que partielle, car si les femmes pouvaient dorénavant être avocates, elles n'étaient toujours pas autorisées à plaider à la cour.

D'autres injustices foisonnaient. Les immigrants qui ne correspondaient pas au modèle anglo-saxon voyaient se fermer devant eux toutes les portes de la terre promise. Les enfants travaillaient encore dans les manufactures. Et l'infranchissable écart entre les riches et les pauvres n'étaient pas à l'aube d'être réduit, malgré quelques actes de charité par trop condescendants.

Néanmoins, en ce vingt-cinquième anniversaire, le jeune dominion avait toutes les raisons de miser sur le siècle à venir. De nouvelles colonies s'établissaient partout à travers le pays et l'industrialisation offrait à tous les Canadiens un niveau de vie supérieur. Et bien que les liens avec l'Empire demeuraient solides, le sentiment d'identité nationale, si passionnément défendu par John A. Macdonald, allait grandissant, donnant aux Canadiens le goût d'agir pour l'intérêt de la nation.

*(Ci-dessous) Les voyages des ouvriers temporaires vers l'ouest, au moment de la moisson, ont contribué à l'installation de colons dans les Prairies.*

## JANVIER

■ *9 janvier* : Avec une population florissante de sept cents personnes, Edmonton entame la nouvelle année en se constituant ville.

■ *16 janvier* : La « poétesse Mohawk » du Canada, Pauline Johnson, livre sa première lecture publique lors d'une soirée littéraire sous les auspices du Club des jeunes libéraux de Toronto.

## FÉVRIER

■ *2 février* : Les Canadiens adoptent comme drapeau officiel le pavillon de la marine marchande britannique. Il s'agit d'un drapeau rouge arborant l'*Union Jack* dans le coin supérieur droit et les armoiries du Canada à gauche.

■ *6 février* : La première chronique « *At the Mermaid Inn* » paraît dans le *Globe* de Toronto. Chaque semaine, les poètes Duncan Campbell Scott, Archibald Lampman et William Wilfred Campbell y exposent leurs réflexions sur des sujets aussi disparates que la philosophie et les animaux de compagnie.

■ *10 février* : Des représentants du Canada se rendent à Washington pour discuter d'un accord de réciprocité (libre-échange). On débattra du sujet pendant cinq jours, sans qu'aucune entente n'émerge.

■ *25 février* : Le premier ministre John Joseph Caldwell Abbott inaugure la deuxième session de la septième législature du Parlement canadien qui sera ajournée le 9 juillet.

■ *27 février* : Le poème le plus célèbre de Pauline Johnson, *The Song my Paddle Sings*, est publié dans le magazine *Saturday Night*.

■ *29 février* : John Ware, ancien esclave et cow-boy légendaire, épouse sa bien-aimée, Mildred Lewis en Alberta.

## MARS

■ Le gouverneur général lord Stanley annonce qu'il offrira une coupe d'argent à la fin de la saison de hockey à la première équipe au classement. À l'avenir, des séries éliminatoires décideront des gagnants.

## AVRIL

■ On engage la *North American Company* qui appro-fondira le fleuve Saint-Laurent et construira des ca-naux reliant le lac Érié au lac Ontario. Ce sera une des premières phases du canal Welland.

■ *14 avril*: Windsor en Ontario devient une ville.

■ *30 avril*: On attribue au *St Anne's College* de Church Point, en Nouvelle-Écosse, le rôle d'uni-versité.

## MAI

■ Quarante-sept familles juives, parrainées par le *Young Men's Hebrew Benevolent Society of Montreal* et par le baron Maurice de Hirch, s'établissent à Hirch, dans les Territoires du Nord-Ouest (aujourd'hui la Saskatchewan). Plus tôt dans l'année un autre groupe de juifs russes persécutés avait reçu un accueil froid de la part des résidents de Regina. « Regina n'est pas un dépotoir pour les indigents de Russie », avaient déclaré ceux-ci.

## JUIN

■ *6 juin*: Les députés conservateurs commémorent le premier anniversaire de la mort de sir John A. Macdonald en portant à leur boutonnière une rose, la fleur préférée du vieux chef, et une feuille d'érable, symbole de son patriotisme.

■ *9 juin*: L'ancien premier ministre du Québec, Honoré Mercier, est cité à procès en octobre devant la cour d'assise du Québec pour « complot visant à frauder Sa Majesté la reine ».

■ *14 juin* : On reçoit les premières nouvelles de l'année en provenance de la côte nord du Labrador, prise dans les glaces. Une pénurie de vivres, des grands vents et des glaces épaisses avaient fait vivre un hiver cruel aux gens de la côte.

■ *30 juin*: « Le grand fléau de la Chine émerge à Toronto », gronde le journal *Empire*, en révélant qu'on exploite des fumeries d'opium dans la ville.

## JUILLET

■ *1er juillet*: D'un océan à l'autre, les Canadiens célèbrent le vingt-cinquième anniversaire du domi-nion. En cette journée de congé, les sports, les pique-niques, les feux d'artifices, autant que les discours et les drapeaux, sont à l'honneur. Mais dans la ville de Wiarton, en Ontario, un incident regrettable assom-brit les festivités. Harcelé par des citoyens en colère, un écclésiastique annexionniste se voit forcé de reti-rer la bannière des États-Unis qu'il avait hissée au-dessus du drapeau du dominion.

■ *8 juillet*: La colonie britannique de Saint-Jean, Terre-Neuve, est en flammes. L'incendie est imputa-ble à la cigarette qu'un fumeur a négligemment allu-mée dans la grange alors qu'on avait coupé l'eau pour effectuer des réparations. Quand on maîtrise enfin l'incendie, la ville est détruite à 75 pour cent et 11 000 personnes se retrouvent sans abri. Au même moment le missionnaire et médecin anglais William Grenfell arrive dans la ville autrefois prospère pour ne voir que cendres fumantes et misère. Immédiatement, il convertit son ketch, le *Albert*, en hôpital flottant. C'est le début de sa carrière de bonnes œuvres sur la côte est.

■ *23 juillet*: Le Manitoba vote la prohibition. Mais la loi n'étant pas appliquée, les bars continuent de faire de bonnes affaires.

■ *30 juillet*: Le Conseil privé de Londres confir-me le droit du Manitoba d'abolir les écoles séparées de la province, déclenchant du coup un débat national portant sur les droits linguistiques et sur les pouvoirs des provinces ; débat qui perdure.

■ À l'été 1892, une épidémie de fièvre typhoïde s'abat sur Regina, la capitale des Territoires du Nord-Ouest. Bien que les premiers égouts de la ville aient été ins-tallés l'année d'avant, les conditions hygiéniques demeurent déplorables et on aperçoit encore des amoncellements de détritus à chaque coin de rue.

## AOÛT

■ Au début du mois, la Police montée est mandée à Calgary afin d'empêcher une foule de Blancs en colère de s'en prendre aux résidants chinois de la ville. La guerre s'était déclenchée après qu'on eut découvert un nouvel arrivant chinois, victime de la petite vérole, en convalescence dans une buanderie tenue par des compatriotes.

■ *9 août* : Lucy Maud Montgomery, alors une écri-vaine en herbe de dix-sept ans, est ravie lorsque ses grands-parents acceptent qu'elle termine ses études à l'école locale.

■ *28 août*: L'hôtel Windsor, à Montréal, sert le premier repas à être entièrement cuit à l'électricité au Canada.

# SEPTEMBRE

■ *23 septembre* : A Perth, en Ontario, on s'affaire à fabriquer le plus gros fromage du monde afin de le présenter à l'Exposition mondiale de 1893 à Chicago. Le « fromage éléphant », comme l'appelaient les Français, allait mesurer vingt-huit pieds de diamètre et peser 26 000 livres. Le gouverneur général lord Stanley, le ministre de l'Agriculture John Carling, et d'autres dignitaires encore se déplacèrent pour admirer l'œuvre. Puis le 17 avril 1893, jour du départ vers Chicago, des centaines d'habitants de Perth vinrent souhaiter bon voyage au fromage éléphantesque au son de la fanfare locale. Ce fut le triomphe à l'exposition, le monstre raflant 95 points sur 100.

# OCTOBRE

■ *3 octobre* : Le peintre Paul Peel meurt à Paris.
■ L'équipe *Osgoode Hall* de Toronto défait le *Montreal Football Club* et gagne le premier championnat de la *Canadian Rugby Union*.

# NOVEMBRE

■ *3 novembre* : Le premier numéro du *Toronto Evening Star* paraît en kiosque.
■ *4 novembre* : À la joie de ses partisans, il ne faut que six minutes au jury pour disculper l'ancien premier ministre du Québec, Honoré Mercier, des accusations de fraude contre le trésor public qui pèsent sur lui. Mais l'homme est brisé et sa santé est fragile. Il meurt deux ans plus tard.

■ *15 novembre* : Le docteur Thomas Neill Cream est pendu à Londres. Cream avait reçu son diplôme de médecin au Canada, en 1876. Peu après, suite à une nébuleuse histoire d'avortement, il quittait le pays pour s'établir aux États-Unis où il fut emprisonné, en 1880, pour le meurtre du mari de sa maîtresse. Gracié en 1891, il alla poursuivre sa pratique en Angleterre. C'est là qu'on l'envoya à la potence, le 15 novembre 1892, pour avoir empoisonné des prostituées avec de la strychnine. On rapporte qu'au moment où la trappe s'ouvrit sous ses pieds, Cream lança : « I'm Jack the... » (Je suis Jack l'...). Mais la confession eut peu d'impact puisque Cream croupissait dans une prison de l'Illinois au moment des crimes de Jack l'Éventreur.

■ *24 novembre* : Le peu enthousiaste premier ministre du dominion, John Joseph Caldwell, quitte son poste. Dix-sept mois seulement après son entrée en fonction, celui qui avait dit détester la politique, invoquait cette fois des raisons de santé. Le lendemain, John Sparrow David Thompson, ex-ministre de la Justice dans le cabinet Macdonald (et qui, selon certain, aurait dû lui succéder), fut assermenté comme premier ministre. La plus grande réalisation de Thompson cette année-là fut de ratifier le premier Code criminel canadien. Sans doute incité par la chute des naissances chez les Anglo-Canadiens, le Code citait en outre qu'il était interdit de promouvoir des objets « conçus pour empêcher la conception ou provoquer un avortement ».

# DÉCEMBRE

■ *15 décembre* : La *Canada's Amateur Hockey Association* se réunit afin de planifier sa prochaine saison devant débuter le 7 janvier 1893. C'est le *Montreal Amateur Athletic Association* qui remportera la première coupe Stanley au dépens de l'équipe d'Ottawa.
■ À la fin de l'année, les travaux de construction de la nouvelle Assemblée législative de l'Ontario à Queen's Park sont terminés.

# LE LEGS DU DERNIER TIRE-FOND*

Alors que s'achevait la construction de la voie ferrée transcontinentale, le président du *C.P.R.*, William Van Horne, annonça qu'on ne soulignerait pas la fin des travaux : « Il n'y aura pas de folies », fit-il. Bien qu'il n'y eût pas de fanfare, l'ancrage du dernier tire-fond, le 21 novembre 1885, s'avéra néanmoins un événement pivot dans l'existence du Canada.

Sept ans plus tard, le fameux « ruban d'acier » (« *the ribbon of steel* ») reliant la Colombie-Britannique à l'est du pays transformait les villes de débitage et les carrières de carcasses de bisons en des centres régionaux aussi florissants que Vancouver et Regina.

Van Horne était un homme influent. Non seulement est-ce lui qui baptisa la ville de Vancouver, c'est encore lui qui, après l'incendie dévastateur de 1886, y envoya son équipe d'arpenteurs-géomètres faire le plan des rues et les nommer. C'est d'ailleurs au *C.P.R.* qu'on doit la division classique des villes, où les riches sont postés dans l'ouest, les ouvriers dans l'est, et le district commercial quelque part entre les deux. Van Horne est aussi l'instigateur de « l'école du chemin de fer » de l'art canadien. Pensant que l'art pourrait servir à promouvoir les voyages en train, le *C.P.R.* offrait aux peintres de la *Royal Canadian Academy* un séjour vers l'ouest pour aller peindre les Rocheuses. De fait, le tourisme prospéra et bientôt les compagnies ferroviaires firent construire des hôtels pour accueillir les visiteurs. Le premier de ces hôtels, construit par le *C.P.R.* en 1892 dans la ville de Québec, fut Le Château Frontenac.

C'est aussi en 1892 que fut construit le premier chemin de fer de Terre-Neuve. Les résidents de la baie Conception, persuadés que les locomotives étaient de dangereux démons, se battirent bien pendant cinq jours avec les arpenteurs-géomètres, les ingénieurs et les policiers, mais force leur fut d'admettre qu'ils ne pouvaient arrêter le progrès. Les Amérindiens des Prairies voyaient aussi d'un mauvais œil l'avènement du chemin de fer. Dès que la voie ferrée sera complétée, prédit en 1882 le chef Poundmaker : « Les Blancs peupleront le pays et feront la loi. C'est inutile de croire que nous pouvons les effrayer ; ce temps est révolu. » De fait, quinze ans plus tard, lady Aberdeen, l'épouse à l'esprit réformiste du septième gouverneur général du Canada, se plaindrait de ce que « ces malheureux spécimens dans leurs sales et misérables couvertures multicolores hantent les gares de chemins de fer. »

---

\* Longue vis utilisée pour fixer un rail de chemin de fer à la traverse.

(Page précédente) Une litho-graphie en couleurs montre lord et lady Stanley qui admirent la vue depuis le chasse-pierres lors de la traversée des Rocheuses, par train, en 1889. (Droite) Les trains à destination de l'Ouest partent du centre nerveux du C.P.R., soit de la gare Windsor, à Montréal. (Extrême droite) L'achèvement de la voie du C.P.R., en 1886, ne marque nullement la fin de la construction de voies ferrées au Canada. Ces ouvriers célèbrent l'achèvement de la liaison Calgary-Edmonton, en 1891, l'une des nombreuses lignes qui traversent les terres désertes. (Ci-dessous) Garder la voie ferrée en état de fonctionnement demande presque autant d'efforts que la construire. Afin d'assurer le service ferro-viaire, des dépôts, ateliers et bâti-ments semblables à cette élégante rotonde de North Bay sont construits dans tout le pays.

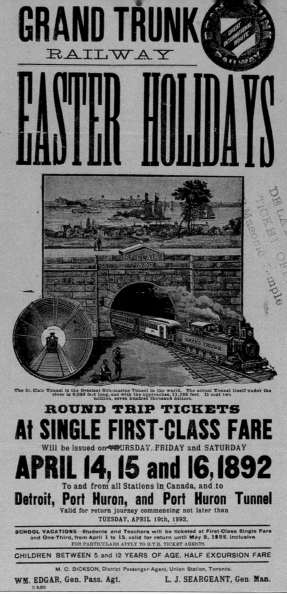

(Extrême gauche) Le Canadien Pacifique, vers 1892, transporte non seulement les gens à travers le pays, mais dans le monde grâce à sa flotte de paquebots. (Ci-dessus, gauche) Pour les gens aux goûts plus modestes, des excursions d'un jour ou plus deviennent populaires. (Ci-dessous, gauche) Comme le montre cette affiche, le pays était réuni d'un océan à l'autre vers 1892. (Ci-contre) Le président du Canadien Pacifique, William Van Horne, collectionneur de tableaux et peintre amateur, envoie des peintres canadiens dans l'ouest pour en rapporter leurs impressions, aux frais de la société de chemins de fer. C'est ainsi que le peintre Lucius O'Brien, à l'occasion d'un voyage entrepris en 1886 grâce au patronage du CP, a représenté le passage du train dans les Rocheuses.

# PORTS DE MER ET CITADELLES
## *La région Atlantique*

# HALIFAX
## LA DERNIÈRE GARNISON IMPÉRIALE

N 1892, LOIN D'ÊTRE RESTÉE LA PUISSANCE économique qu'elle était durant l'ère bénie des navires à voiles, Halifax pouvait néanmoins s'enorgueillir d'être un port de mer commercial dans la dernière ville de garnison du Canada.

Les années 1890 marquaient le commencement de la fin du mode de vie colonial, mais tant qu'il durait encore une grande partie de la population aimait en profiter. Les jeunes officiers de garnison consacraient le plus clair de leurs énergies à sillonner le port à bord des sloops du « Royal Nova Scotia Yacht Squadron » ou à galoper sur leur monture jusqu'aux pelouses de Fort Needham où ils s'engageaient dans d'énergiques joutes de polo. Comme avant, ils continuaient de parier sur les combats illégaux de coqs tenus dans un pub du chemin de la baie de St Margaret, mais ils ne se provoquaient plus en duel dès que leur honneur était en jeu.

Dès 1892, comme l'ère des grands voiliers arrivait à sa fin et que la Politique nationale s'était ingéniée à favoriser les entreprises du Québec et de l'Ontario, l'économie d'Halifax subit un net recul. Heureusement, le secours était à la portée de la main. En effet, au milieu des années 1880, le gouvernement britannique avait décidé de renforcer ce qu'il appelait pompeusement le « quadrilatère marin » : ses bases de Malta, Gibraltar, des Bermudes et d'Halifax. Or, les progrès technologiques accomplis dans la conception des navires de guerre, la puissance accrue des explosifs et l'introduction des canons à chargement par la culasse avaient rendu désuètes les installations portuaires d'Halifax. Au cours des années 1890, on assista donc au réaménagement complet des instruments de défense de la ville, bien que personne ne sache vers qui diriger les canons du port et encore moins dans quel but. Néanmoins cet appel à l'action, aussi vague et lointaine fût-elle, redonna de la vigueur à la ville endormie.

Ses batailles commerciales révolues, le puissant et égocentrique establishment d'Halifax n'avait d'autres occupations que de célébrer les mariages à l'intérieur de sa communauté et collectionner les coupons-rabais. Délaissant à loisir le luxe de leurs châteaux, bâtis principalement dans la partie sud de la ville (entre les rues Tower Road, South, Inglis et Barrington), les membres de l'élite s'installaient tantôt aux Bermudes pour l'hiver, tantôt dans leurs résidences d'été de Chester. Mais leur centre d'attraction préféré, qui ne serait pas sous juridiction canadienne avant 1910, demeurait la base navale (Royal Navy Base).

À sa fondation, Halifax devait être une simple ville de garnison, mais l'attrait de son magnifique port en opération à l'année, le premier port du continent reliant l'Europe à l'Amérique du nord, la désigna tout naturellement comme ville-pivot du commerce sur la côte est. Ainsi, au début du dix-neuvième siècle, les plus prospères des entrepreneurs capitalistes de la ville purent s'engager dans un commerce à trois voies, vendant du poisson en échange de denrées tropicales venues des Antilles, qui seraient expédiées à leur tour vers la Grande-Bretagne et l'Europe continentale.

La situation géographique avantageuse d'Halifax permit l'implantation d'une importante marine marchande dirigée par Samuel Cunard. Ce dernier allait en outre fonder en 1839 le premier service de transatlantiques, sur lesquels des passagers traverseraient l'océan en 5 jours. Vers le milieu du siècle, plusieurs institutions financières majeures s'implantèrent à Halifax : la *Halifax Banking Company*, la *Bank of Nova Scotia*, la *Union Bank of Halifax*, et la *Merchants Bank of Halifax*, qui deviendrait plus tard la *Royal Bank of Canada* (La Banque Royale du Canada). Quant à la Bourse d'Halifax, elle fut rapidement créée, mais les périodes d'activités étaient limitées à trois séances par semaine, débutant « dix minutes après le coup de midi tiré du canon de la Citadelle ». À partir de 1876, quand la construction du chemin de fer intercolonial fut complétée jusqu'à la côte est (relié au *Grand Tronc* à Rivière du Loup), les filatures de coton, les manufactures de souliers et les raffineries de sucre se mirent à essaimer dans la ville. Mais la capitale de la

Nouvelle-Écosse n'en restait pas moins, prioritairement, un centre administratif et financier.

La saison mondaine s'étendait de juin à novembre, période pendant laquelle l'amiral en chef de la marine nationale était en ville (il passait judicieusement ses hivers à son poste des Bermudes). Les dames de la haute rivalisaient de charme afin qu'on les invite sur le navire pour les réceptions du dimanche. Les rares élus se faisaient alors offrir un somptueux buffet, mais non sans avoir assisté d'abord à la messe dominicale. Un chroniqueur mondain de l'époque rapportait : « La vie mondaine est souvent une agréable occasion d'encourager une œuvre de charité locale. Ainsi, l'an dernier, tous ceux qui étaient quelqu'un, et même plusieurs qui n'étaient rien, ont uni leurs efforts lors du grand bazar au profit du *Sailors' Home*. Les femmes portaient toutes une robe matelot, et tout était mis en œuvre pour attirer le regard, chatouiller le palais, et vider les poches des milliers de personnes qui se sont ruées sur les lieux du bazar. »

Bien qu'Halifax fût une ville navale, un régiment de l'infanterie britannique y était cantonné, et le grand bal qui se donnait annuellement en ses quartiers de Wellington était le clou des événements mondains. À cette occasion, des trésors d'imagination étaient déployés afin de distraire les chaperons pendant que leurs protégés tournoyaient la nuit durant sur la piste de danse.

Aux lueurs de sa gloire pâlissante, Halifax fit un ultime salut en tant que dernière ville de garnison canadienne, et quitta doucement le devant de la scène.

*Port de Halifax vu de la Côte de la Citadelle*

(Droite) Une réunion de tennis organisée par lady Clanwilliam (centre) à Admiralty House, en 1886. À l'extrême droite, les favoris en côtelettes et portant ses galons dorés, figure l'amiral Clanwilliam, commandant de l'escadrille de la marine nationale en station à Halifax. En été, lorsque la flotte est présente, la Admiralty House a servi de quartier général naval et social de Halifax. Aujourd'hui, elle abrite le musée du commandement maritime (ci-dessus).

Le kiosque à musique du jubilé de Halifax (ci-dessous) a été érigé en 1887, dans les Public Gardens de la ville afin de marquer les cinquante ans du règne de la reine Victoria. Avec un orchestre qui joue par un après-midi d'été (gauche), il rappelle les beaux après-midi de l'Empire, avec la statue allégorique de Flore, déesse des fleurs.

61

Des soldats britanniques étaient en garnison à la citadelle de Halifax, vraisemblablement afin de protéger la base navale contre une invasion. (Droite) En temps de paix, le service dans l'armée de la reine avait ses avantages comme pouvaient en témoigner ces soldats, adeptes du polo, sur la Côte de la Citadelle. (Ci-dessous) La garnison défile à la parade de l'église.

Pour les marins qui ont quartier libre (gauche), Upper Water Street est leur endroit de relaxation préféré avec ses saloons et ses hôtels. De certaines façons, Halifax avait plus de points communs avec Portsmouth ou d'autres villes navales anglaises qu'avec les autres villes à l'intérieur du Canada.

63

Parmi les nombreuses améliorations de la marine nationale,
à Halifax, figure la construction
d'un bassin de radoub (gauche)
en 1889, qui a facilité les réparations sur la coque des navires.
(Ci-dessus) Un brise-glaces
garde-côte entre dans le bassin
qui est encore utilisé un siècle
plus tard.

65

# LA FIN DE L'ÂGE DE LA VOILE

En 1892, l'âge de la voile, bref mais glorieux, était passé déjà. Alors que le Canada avait été le plus grand constructeur de navires au monde, alors que dans la laisse de haute mer de chaque anse et de chaque rivière s'était profilée la silhouette anguleuse des bateaux à voiles, voilà que les villes portuaires étaient désertées.

À l'époque de sa prospérité, la construction de ces pur-sang de la mer avait conduit à l'établissement de nouvelles normes maritimes. Plus de 4 000 bateaux, chacun excédant 500 tonnes, étaient mis à l'eau. Obéissant à l'appel du large, les Canadiens sillonnaient toutes les routes commerciales. Dès 1878, quelque 7 196 navires marchands, transportant un poids total de 1 333 015 tonnes, furent enregistrés dans les ports canadiens, plaçant le nouveau Dominion, alors peu peuplé, au quatrième rang du tonnage mondial. Les illustres bateaux à voiles — si gracieux malgré leur chargement qu'ils filaient vent arrière à la moindre brise — transportaient du grain, du bois d'œuvre, du charbon, du whisky, de la glace, de l'huile de baleine, et divers autres produits à destination des ports de quatre continents.

L'industrie de la construction navale devait son existence et ses succès à l'abondante ressource de bois d'œuvre en bordure de l'eau. Ainsi les vaisseaux, qu'on appelait des « bateaux de bois tendre », étaient presque entièrement faits de mélèze (ou épinette rouge), de pin et de sapin, alors que dans les chantiers de construction anglais et européens on utilisait plutôt le chêne et le tek. La bonne navigabilité et le prix modeste des grands voiliers canadiens furent en outre une révélation pour les constructeurs européens.

*(Gauche) Le Bluenoser Ruby, entièrement gréé à la voile. (Ci-dessous) Spencers Island, en Nouvelle-Écosse, était un centre de construction navale sur la côte est. Ici, le Glooscap, l'un des derniers navires gréés en carré près d'être terminé en 1891.*

67

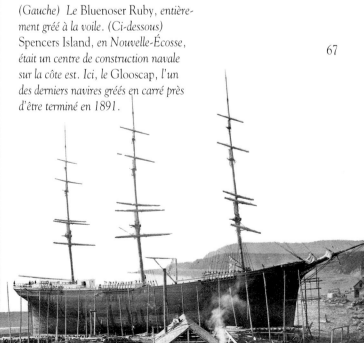

Au début, on vendit les bateaux sur le marché mondial. Après 1840, la plupart étaient cependant exploités par des Canadiens, en particulier pour le commerce avec l'Amérique du Sud, les Antilles et l'Afrique.

Au Canada, la ville de Yarmouth, en Nouvelle-Écosse, pouvait se vanter d'avoir le plus grand tonnage par habitant au monde entier. On enregistra 2 000 vaisseaux dans son port d'attache, la plupart ayant été construits dans la région. Par ailleurs les propriétaires de ces bateaux devinrent à ce point prospères qu'ils créèrent leurs propres compagnies d'assurances de même que leurs banques : la Bank of Yarmouth et l'Exchange Bank of Yarmouth.

De faibles tarifs de fret et des primes d'assurances élevées rendirent peu à peu onéreuse l'exploitation des vaisseaux à voiles. Ainsi, en 1892, on préférait transporter les cargaisons les plus rentables à bord de tramps à vapeur en acier. On assista alors à un rapide déclin de la construction des navires gréés en carré, qui cessa définitivement en 1895, alors qu'on fit des goélettes à trois mâts durant quelques années encore. Les propriétaires vendirent leurs voiliers à un prix tout juste supérieur à la valeur de récupération.

Qu'on fût passé du bois à l'acier eut des conséquences beaucoup plus néfastes que le passage des voiles à la vapeur pour l'industrie navale canadienne. Les chantiers de construction auraient peut-être survécu si les usines d'acier du pays avaient été mieux développées. Quelques-uns des voiliers parmi les plus efficaces tentèrent de freiner l'avènement des bateaux à vapeur, mais ce fut peine perdue. Graduellement, la grande flotte canadienne de bateaux à voiles disparut à jamais des océans du monde.

*Pour la population des provinces maritimes, la mer est une affaire de famille. Edmund Spicer (ci-dessous) et ses trois frères ont passé toute leur vie à naviguer. Son frère George commandait le Glooscap illustré à la page précédente, et le navire d'Edmund, le George T. Hay (droite), photographié ici à New York, a aussi été construit à Spencers Island où la famille vivait depuis la révolution américaine.*

# LES PORTS DE MER DE L'ATLANTIQUE

Saint-Jean, au Nouveau-Brunswick, (droite) déclinait vers 1892. Son sort s'est amélioré après 1895 comme port d'hiver de l'Est du Canada. Yarmouth, en Nouvelle-Écosse (extrême droite), avait plus de navires enregistrés que tout autre port canadien. (Ci-dessous) La vie près de la mer a fait naître des coutumes telles que cette fête de la soupe de palourdes, sur la plage de Pease's Island, en Nouvelle-Écosse.

L e 9 août 1892, Lucy Maud
Montgomery, alors âgée de
dix-sept ans, écrit dans son
journal intime : « Il y a longtemps que je n'ai été aussi
heureuse qu'aujourd'hui.
C'est qu'on a finalement
décidé que je reviendrais à
l'école ici. » « Ici », c'était
bien sûr l'Île-du-Prince-
Édouard.

Après avoir passé un an
en compagnie de son père et de
sa belle-mère dans la ville de Prince
Albert, en Saskatchewan, la future au-
teure de *Anne la maison aux pignons verts* était retour-
née sur la ferme de ses grands-parents à Park Corner,
sur l'Île-du-Prince-Édouard. Là-bas, Maud, comme on
l'appelait, s'était mis à enseigner la musique et à écrire
de la poésie. Mais son rêve le plus cher était de fréquenter le *Prince of Wales College* de Charlottetown et
d'y décrocher un brevet d'enseignement. Pareille à
son héroïne à la tête rousse, elle avait dû se battre
pour obtenir ce qu'elle voulait : « Grand-papa et
grand-maman ont toujours été si farouchement opposés à cette idée que je commençais à me décourager. »
La même détermination qui habite Ann servit cependant à Maud. Car au milieu du mois d'août, elle était
de retour à la petite école et préparait ses examens
d'entrée au *College*.

À la fin de 1892, elle nota dans son journal :
« Je regrette de voir cette année s'envoler, car ce fut
une année très heureuse pour moi. »

*L.M. Montgomery (ci-dessus).*
*(Ci-dessous) La capitale de l'Île-du-*
*Prince-Édouard, au début des*
*années 1890.*

# LA PLUS ANCIENNE COLONIE

Même si Terre-Neuve avait été invitée aux premières conférences portant sur la Confédération, la colonie avait décidé de ne pas se joindre au Canada en 1867. Vingt-cinq ans plus tard, Terre-Neuve restait encore à l'écart, menant une vie difficile axée sur la mer. L'existence sur le rocher était rude même dans les meilleures périodes et pour les citoyens de la capitale, Saint-Jean, l'année 1892 a été désastreuse. Le 8 juillet, un incendie qui ravagea la ville, brûlant des centaines de bâtiments en bois, provoqua quelque vingt millions de dollars de dommages.

# LE SAINT LUC DU LABRADOR

Wilfred Thomason Grenfell aborda la capitale de Terre-Neuve un jour de juillet 1892. Dès que le *Albert* entra dans le port de Saint-Jean, il fut assailli par l'odeur infecte de cendres fumantes. Car un terrible incendie était en train de détruire la ville. L'arrivée de Grenfell ne pouvait mieux tomber.

Grenfell professait un « christianisme énergique », davantage axé sur l'action que sur la doctrine. En 1885 en Angleterre, lors d'une réunion pour le renouveau de la foi, le jeune étudiant en médecine alors âgé de vingt-deux ans s'était enflammé : « Ou bien je m'engage à vivre ma religion comme je pense que le Christ le ferait, ou bien, tout simplement, je l'abandonne. » Sept ans plus tard, après avoir été informée de la misère qui régnait sur les côtes de l'extrême est du littoral canadien, la *British Deep Sea Mission to Fisherman* se résoudrait à contrecœur à envoyer Grenfell en mission d'exploration de Terre-Neuve et du Labrador.

Dès son arrivée à Saint-Jean, Grenfell sut quoi faire. Sans aucun frais, il approvisionna les deux médecins de la ville, habilla quelques-uns parmi les plus durement touchés par l'incendie, et invita à bord du *Albert* les malades tout autant que les curieux.

Quand il jugea opportun de poursuivre son chemin, Grenfell mit le cap sur le Labrador où il eut à traiter toutes les maladies, depuis l'infection pulmonaire et le scorbut jusqu'au béribéri, le rachitisme et l'arthrite. Comme le gouvernement colonial ne fournissait qu'un seul médecin, celui-ci étant condamné à naviguer de port en port, avec très peu d'heures de sommeil, Grenfell se faisait souvent demander : « Êtes-vous un vrai docteur ? » Trois mois après son arrivée sur « la terre des chiens, des morues et du brouillard » (« *the land of dog, cod and fog* »), comme il la surnommait affectueusement, Grenfell avait soigné plus de 900 malades.

Rêvant d'une mission qui fournirait en permanence des services de médecine, d'éducation et d'évangélisation, Grenfell retourna en Grande-Bretagne et entreprit ses légendaires campagnes de levée de fonds. Des années plus tard, la « paroisse du Grand Nord » de Grenfell deviendrait l'hôte de plusieurs écoles, hopitaux, magasins coopératifs, et d'une mission médicale (le centre des opérations fut situé à St Anthony, à Terre-Neuve) dont les œuvres lui vaudraient le titre de chevalier et une place aux côtés de Livingstone dans le panthéon des missionnaires victoriens plus grands que nature.

*(Ci-dessous) Le jeune Wilfred Grenfell (au centre) avec un groupe de missionnaires moraves, durant son séjour au Labrador en 1892.*

# LES HÉRITIERS DE LA NOUVELLE-FRANCE
## Québec

# QUÉBEC
## LE CHARME DU PASSÉ

*La Terrasse Dufferin et
le Château Frontenac*

ES GUERRES NAPOLÉONIENNES QUI ONT
secoué l'Europe entre 1793 et 1815
ont servi le développement de l'économie du Québec. En effet, lorsque les
liens furent rompus avec ses habituels fournisseurs de
bois d'œuvre des pays baltes, la Grande-Bretagne se
tourna vers les ressources canadiennes. Les grands et
magnifiques arbres du pays allaient servir à la fabrication de mâts pour les navires de guerre formant la première ligne de défense de l'Empire. Ainsi, comme le
seul port d'importance sur le Saint-Laurent accessible
aux navires à voiles de haute mer était situé dans la
ville de Québec, c'est là que se concentra la majorité
du commerce de bois d'œuvre. Fondée en 1608, la ville
fortifiée avait plus tôt été le centre administratif de la
Nouvelle-France puis, éventuellement, de l'Amérique
du nord britannique.

Avec l'avènement des paquebots transatlantiques, le commerce de bois d'œuvre connut un ralentis-
sement (il avait atteint son apogée en 1810, 661 vaisseaux quittant alors le port de Québec). Aux abords de
1890, dominé par les lourdes fortifications de la Citadelle, le port ne serait plus qu'un bras mort du fleuve.
Sans doute le départ du gouvernement fédéral vers
Ottawa en 1865 y fut-il aussi pour quelque chose.

(Québec avait été la capitale des deux Canadas en
1849, alternant ensuite avec les villes de Toronto et
de Montréal.)

La véritable cause du déclin de la ville de
Québec, toutefois, fut l'ascension rapide de la ville
de Montréal. Le dragage d'un canal dans le Saint-
Laurent permettait désormais aux transatlantiques
d'accoster à Montréal, consolidant dès lors l'emprise
de la ville sur le commerce extérieur. Véritable
terminus à la croisée de tous les nouveaux chemins
de fer traversant le Dominion, Montréal devint qui
plus est la capitale nationale du commerce. Quant à
la ville de Québec, complètement exclue du réseau
ferroviaire, ses perspectives d'avenir étaient plutôt
sombres. Le seul chemin de fer s'en approchant était
celui du *Grand Tronc* qui, en 1854, se rendait jusqu'à
Lévis, sur la rive opposée du fleuve. Ce n'est que
vingt-cinq ans plus tard que la première locomotive
à vapeur entrerait dans la ville de Québec. Il faudrait par ailleurs attendre 1917 avant qu'un premier
pont n'enjambe le fleuve.

En revanche, Québec demeurait la capitale de
la province québécoise et de ce fait un puissant partenaire dans le chassé-croisé des relations fédérales-
provinciales. La ville se découvrait en outre une
nouvelle vocation. Avec ses remparts, ses falaises
escarpées, ses petites rues étroites rappelant le
charme des « vieux pays », elle se révélait une importante attraction touristique à l'approche des
années 1890 alors que la mélancolie des choses du
passé étreignait de plus en plus les populations. Le
plus grand amoureux de la ville a sans doute été lord
Dufferin qui, à titre de gouverneur général, avait
pris l'habitude de résider à la Citadelle pendant une
partie de l'année. C'est lui qui a encouragé les édiles
municipaux à préserver les vieilles promenades le
long de la falaise. La plus fameuse d'entre elles s'appelle aujourd'hui la Terrasse Dufferin...

En 1892, l'attrait touristique de Québec
était suffisamment important pour justifier l'inauguration du château Frontenac, un hôtel dominant
le Saint-Laurent. Conçu par l'architecte américain
Bruce Price pour le compte du *C.P.R.*, le château
Frontenac arbore un style cadrant parfaitement avec
l'allure romantique des lieux. Ce style « château »,
créé pour la ville de Québec, se répandrait éventuellement d'un océan à l'autre, et bientôt le centre de
chaque grande ville canadienne serait dominé par
un énorme château français érigé par une compagnie de chemin de fer afin d'y loger ses clients.

Le manège militaire de Québec
(ci-dessous), œuvre d'Eugène-
Étienne Taché et achevé en 1885,
dénote une forte influence française
avec ses tourelles et ses flèches.
Il annonce le style château qui
deviendra si populaire quelques années
plus tard. (Droite) Grands canons à
l'extérieur de l'arsenal, en 1891.

(Extrême gauche) Détails du plafond du manège militaire. (Gauche) Ce monument, construit en 1891, commémore le décès de Short et de Wallick, deux soldats britanniques décédés pendant leur combat contre l'un des nombreux incendies qui ont dévasté Québec au XIX<sup>e</sup> siècle.

L'architecture «française» à Québec s'impose avec l'œuvre de l'architecte Bruce Price, de Philadelphie, le Château Frontenac surmonté de tourelles arrondies et de flèches élancées. (Gauche) Peu après la construction de l'hôtel, la façade a été ornée du nom des explorateurs français qui figurent en bonne place dans l'histoire du Québec. (Ci-dessous) Le Château, bien agrandi et élargi, domine encore les escarpements de Québec.

L'Assemblée nationale (gauche) du Québec, achevée en 1884, est aussi l'œuvre de Taché. (Ci-dessous) Dans la Chambre Verte (récemment peinte en bleu pour la télévision), les membres de l'Assemblée nationale se réunissent. (Ci-contre) La Chambre Rouge qui abritait la Chambre haute du Québec sert maintenant au Conseil des ministres.

(Extrême gauche) Honoré Mercier encourageait les Québécois à établir des fermes dans les régions isolées de la province, comme ici près du Lac Saint-Jean. (Gauche) Berthier-en-haut (aujourd'hui Berthierville) était une ville typique du Québec sur le Saint-Laurent. (Droite) Une péniche sur le canal de Chambly, près de la ville anglophone de St Johns (maintenant Saint-Jean-sur-Richelieu).

# LA DIASPORA QUÉBÉCOISE

Le Québec rural du dix-neuvième siècle est générale-ment présenté comme un monde paisible. Comme dans une peinture de Krieghoff, on y voit de joyeux habitants labourer leurs terres ancestrales sur les bords du Saint-Laurent, à l'ombre du clocher et sous le regard scrutateur du curé. Mais déjà à cette époque, le Québec était une société en transition.

En effet, plusieurs habitants quittaient alors le Québec pour aller travailler dans des manufactures, par-ticulièrement en Nouvelle-Angleterre. Certains étaient des cultivateurs renonçant à travailler sur leur terre in-grate, d'autres étaient des ouvriers agricoles mis à pied depuis le boom de l'industrie laitière. Mais quelle qu'en soit la cause, plus d'un demi-million de Québécois, en majorité des habitants, quittèrent la province en 1870 pour envahir les usines de villes états-uniennes telles que Lowell, au Massachusetts. En 1900, les Canadiens français formaient un incroyable dix pour cent de la population de la Nouvelle-Angleterre. Cette diaspora, aujourd'hui complètement assimilée, n'a pour mémoire que les noms à consonance francophone qu'on y trouve encore.

Pour les fervents nationalistes, tels que Honoré Mercier, qui voyaient leur nation boucler ses valises et émigrer, comme pour le clergé ultramontain qui s'in-quiétait de ce que ses ouailles privilégient la vie laïque, il était impérieux de redresser la situation. C'est ainsi que, sous la direction du populaire curé Labelle, alors ministre de l'Agriculture et de la Colonisation, on décida de peupler de nouvelles régions du Québec, en l'occurrence le Témiscamingue et le lac Saint-Jean. Cependant, le projet eut un succès mitigé. La perspec-tive de posséder une ferme, sur une terre souvent ingrate, souriait peu aux colons, du moins tant que d'autres emplois étaient encore disponibles.

À mesure qu'avançait la décennie 1890, l'exode rural se poursuivit. Toutefois, plutot que d'émigrer vers la Nouvelle-Angleterre, de plus en plus d'habitants choisirent Montréal et Québec, où les industries en pleine croissance offraient désormais de multiples possi-bilités. Ainsi le Canada français ne disparaîtrait pas dans les usines de la Nouvelle-Angleterre. Mais le passage d'une population rurale docile à une population de plus en plus urbanisée aurait d'importants effets à long terme sur la vie au Québec.

(Gauche) Cette grange, à Cap à l'Aigle, combinait le chaume de l'Ancien Monde aux rondins équarris du Nouveau Monde, dans une construction typique-ment québécoise. Cap à l'Aigle était proche de Murray Bay maintenant La Malbaie), une station populaire sur le Saint-Laurent.

# LE PÈRE DU NATIONALISME QUÉBÉCOIS

Pour l'ardent nationaliste Honoré Mercier, 1892 fut l'année de tous les combats. Désormais destitué de son poste, ruiné financièrement, son parti défait, Mercier devait en plus faire face à des accusations de corruption qui le rendaient passible d'emprisonnement. Le champion du nationalisme québécois en prenait pour son rhume.

Fils d'un homme qui s'était battu avec Papineau durant la rébellion de 1837, Mercier fut encouragé dès sa plus tendre enfance à croire en la France, le Québec, et l'Église. D'abord opposé à la Confédération, il se ravisa lorsque les évêques catholiques québécois approuvèrent l'entente. Avocat de formation, il œuvra ensuite comme journaliste avant d'entrer sur la scène politique fédérale, puis provinciale, où il excella le mieux. Élu aux élections provinciales de 1879, il gravit rapidement les échelons du parti national et, en janvier 1887, porté par la vague nationaliste déchaînée par la pendaison de Riel, il fut élu premier ministre.

Durant les cinq années de son mandat, Mercier fut un innovateur. Pensant à ses vieux professeurs jésuites, il fit d'abord adopter la Loi sur les biens des jésuites, visant à indemniser la communauté pour la perte de ses terrains (occasionnée par la Conquête de 1759). Cette négociation s'avéra un processus complexe qui amena Mercier à traiter directement avec les autorités ecclésiastiques du Québec, le pape Léon XIII et divers groupes de protestants inquiets. Mercier créa ensuite une première en nommant un prêtre catholique, le curé Antoine Labelle, comme sous-ministre de son gouvernement au nouveau ministère de l'Agriculture et de la Colonisation. Ce ministère avait en outre été mis de l'avant afin d'encourager la colonisation vers les régions isolées du Québec et stopper l'exode des Canadiens français vers la Nouvelle-Angleterre. Mercier fut également le promoteur de la première conférence interprovinciale où, en l'absence d'Ottawa qui n'avait pas été invité, on défendit ardemment les droits des provinces.

Le mode de vie de Mercier était à la mesure de ses aspirations nationalistes. Il habitait une magnifique résidence de la rue Saint-Pierre à Québec et possédait de plus une grande seigneurie à Sainte-Anne-de-la-Pérade, où il avait installé un somptueux haras. En tant que premier ministre, il fut nécessairement appelé à voyager à travers l'Europe – où il eut une audience privée avec le pape et accumula les décorations étrangères – agissant davantage comme un chef d'état qu'un premier ministre

provincial, ce qui agaçait un grand nombre de Canadiens anglais.

Les ennuis de Mercier commencèrent véritablement en 1891, peu après un retour d'Europe. Ernest Pacaud, alors le trésorier du parti libéral, était accusé d'avoir accepté un pot-de-vin de 100 000 $ des mains du syndicat des travailleurs choisis, par Mercier lui-même, pour parachever le chemin de fer de la baie des Chaleurs. On allégua que Mercier s'était graissé la patte.

La carrière du populaire premier ministre connut dès lors des ratés. En décembre 1891, après une

(Ci-dessus) Honoré Mercier (deuxième à gauche, assis) organise la première conférence des premiers ministres provinciaux du Canada, le 26 octobre 1887. (En cartouche) Le curé Antoine Labelle, sous-ministre de Mercier est le premier prêtre catholique à occuper un poste dans un gouvernement en Amérique du Nord.

*La seule statue devant l'Assemblée nationale du Québec est celle, en bronze, de Mercier (ci-dessus). (Ci-dessous) Une caricature d'époque du premier ministre.*

enquête de la commission royale, le lieutenant-gouverneur de la province, A. R. Angers, choisit de destituer Mercier de son poste de premier ministre. Il conserva néanmoins son siège, et ce même après la défaite de son parti en mars 1892. Puis en avril, Mercier et Pacaud furent convoqués à la cour d'assises du Québec où on les accusa d'avoir accepté des pots-de-vin. Au mois de juin, Mercier déclara faillite.

Le procès eut finalement lieu au mois d'octobre, dix mois après la destitution de Mercier. Il fut déclaré non coupable.

Les spectateurs qui avaient suivi les audiences s'accordèrent à dire que Mercier avait beaucoup vieilli durant l'épreuve. Tracassé par sa mauvaise santé, il n'en demeura pas moins en politique pendant encore deux ans, à titre de leader de l'opposition. Et il ne perdit jamais sa vision nationaliste. Dans un discours prononcé en avril 1893, et que d'aucuns considèrent comme son chant du cygne, il exposait ainsi sa philosophie au peuple québécois: « Hommes, femmes et enfants, c'est à vous de choisir. Vous pouvez demeurer des esclaves en position de colonisés, ou devenir indépendants et libres, au sein d'autres peuples qui vous invitent au concert des nations. »

87

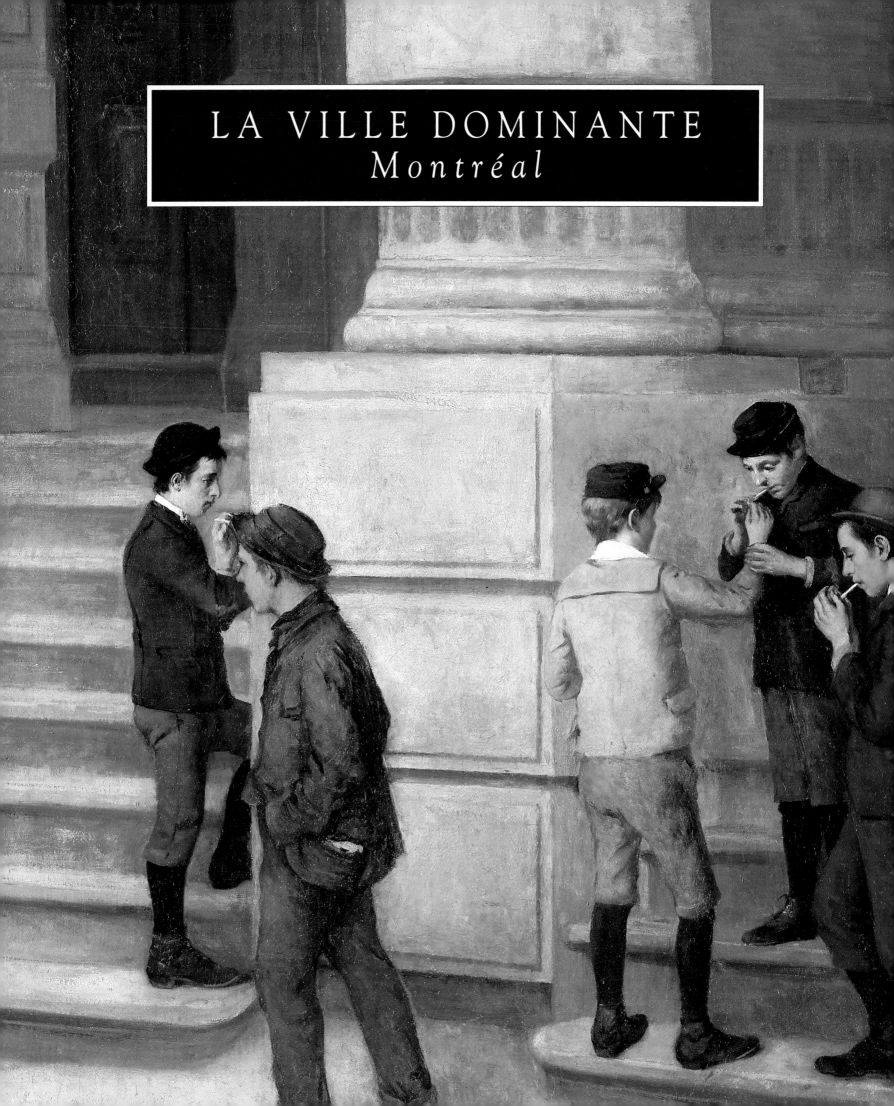

# LA VILLE DOMINANTE
*Montréal*

# MONTRÉAL

## LES LAIRDS DU NOUVEAU MONDE

ANIMÉE COMME ELLE L'ÉTAIT D'UN ESPRIT d'entreprise peu commun et d'une influence financière importante, Montréal était en 1892 la capitale du Canada victorien. Les barons du commerce de la ville, assurés d'un pouvoir incontesté, contrôlaient non seulement le Québec mais encore les richesses et la majeure partie des corporations du Canada tout entier. Impitoyables dans l'exercice de leur autorité, ils n'en possédaient pas moins un sens de la courtoisie et du savoir-vivre, et un profond respect de la vie privée et du bon ordre des choses.

La croissance de Montréal tenait principalement de ce qu'elle était une ville portuaire naturelle. Plus tard, les deux grandes compagnies nationales de chemins de fer, *Grand Tronc* et *C.P.R.*, y établirent leurs sièges sociaux, afin de ramasser les matières premières destinées à l'exportation et distribuer les produits importés. Vers le début des années 1890, toutefois, Montréal serait bien davantage qu'une destination marchande. Plusieurs industries avaient alors essaimé – raffineries de sucre, minoteries, fabriques de souliers, usines textiles, usines de traitement du bois, traitement du tabac, fabrication de matériel roulant, etc. – qui employaient maintenant une main d'œuvre importante. Avec une population de plus de 250 000 personnes, Montréal avait en outre l'avantage de compter dans ses rangs un bon nombre de travailleurs spécialisés. Les ressorts du pouvoir corporatif demeuraient quant à eux le *C.P.R.* et la Banque de Montréal, personne ne sachant au juste quelle institution contrôlait l'autre.

Alors qu'une véritable aristocratie aurait dû compter des générations de propriétaires terriens, la population riche et puissante de Montréal se composait surtout de nouveaux arrivants, les mêmes qui avaient construit les chemins de fer, creusé les mines et financé les usines. Leurs manoirs étaient situés dans un quadrilatère d'environ un mille carré – délimité par les rues McGill, à l'est, Dorchester (aujourd'hui

René-Lévesque) au sud, Guy à l'ouest et l'avenue des Pins, au pied du Mont-Royal, au nord – baptisé fort à propos le « Mille carré doré ». Jouissant d'une fortune qu'ils pouvaient dilapider à volonté, puisqu'Ottawa n'avait pas encore commencé à réclamer des impôts, les habitants du Mille carré doré avaient transformé leur quartier, à priori ordinaire, en une succession de châteaux seigneuriaux, de palais florentins et de villas toscanes, symboles de l'architecture arriviste. Dans les demeures, l'opulence était telle que les tables ployaient sous le poids des vases orientaux, des plateaux de service indiens en cuivre et autres ostentations. Un espace vide sur le mur de la salle d'étude ou bien un salon insuffisamment décoré auraient dénoté un manque d'argent. Alors on affichait fièrement un pied d'éléphant, une tête de bison, un œuf d'autruche, une épée japonaise,

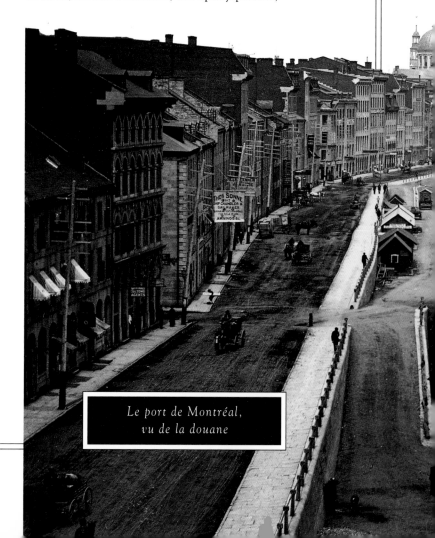

Le port de Montréal,
vu de la douane

n'importe quoi pour combler le vide. Relatant la vie à cette époque, June Callwood écrit : « L'effet d'ensemble était pompeux, mais non dépourvu d'un certain charme, innocent, candide. »

À défaut de recevoir dans ces palais les membres de la royauté ou de la noblesse – chevaliers, lords, rois et reines –, l'élite montréalaise prenait ce qu'elle avait de plus proche. Ainsi, dès que l'occasion s'en présentait, on invitait le gouverneur général du Canada et sa tendre moitié. Éventuellement, le couple vice-royal assisterait à chaque descente de toboggan, chaque compétition de cricket, chaque soirée culturelle qui avaient lieu à Montréal, devenant les chéris des habitants du Mille carré doré. Les monarchistes de la ville se livraient par ailleurs une âpre concurrence afin d'acquérir des titres de noblesse. On compta éventuellement parmi eux une demi-douzaine de membres à la chambre des pairs et deux douzaines de chevaliers.

Les habitudes de travail et la perception du plaisir de tous ces bourgeois étaient si communes parmi eux qu'elles semblaient couler de source, plus encore que les dix commandements. Leur monde était ordonné. Ils étaient sûrs d'eux, et toute démonstration émotive devait s'inscrire

dans un contexte bien précis. Si un comportement n'était pas prescrit, c'est qu'il était défendu. On pouvait d'ailleurs juger un homme à la seule façon dont il disposait de ses noyaux de cerise ! Mais, contrairement à ce que l'on aurait pu croire, ce modèle d'abstention et de rectitude n'était pas hérité des Britanniques, mais bien des Écossais. On n'avait qu'à regarder le manteau de cheminée de tous les domaines cossus pour s'en convaincre : une réplique de la traditionnelle bouilloire, l'ustensile favori des maisons écossaises, y pendait systématiquement.

Bien qu'ils vénéraient tout ce qui venait d'Angleterre et qu'ils avaient peine à se contenir dès qu'ils entrevoyaient un membre de la famille royale, les bourgeois du Mille carré doré avaient appuyé pour la plupart l'appel aux troupes lancé lors de la bataille de Culloden. Le Mille carré doré n'a donc jamais été une petite Angleterre. C'était une diaspora écossaise. Et c'est dans cette allégeance indéfectible aux leurs que les Écossais d'ici ont formé le premier establishment financier du Canada.

Réunis par une solidarité ethnique et des liens affectifs, partageant qui plus est un ensemble de valeurs et un réseau de relations, ils ont brillamment réussi à établir les liens économiques à l'intérieur du Canada.

Achetant des terrains quand les prix étaient bas (à défaut de toujours les acquérir pour rien), ils ont réaménagé le paysage qui n'avait guère changé depuis l'arrivée des premiers Européens. Parce qu'ils étaient à la fois perspicaces et inquiets, entêtés et ingénieux, et capable d'allier leur avarice commerciale à des impératifs sociaux, les Écossais ont réussi là où leurs prédécesseurs avaient échoué. Ce sont des terrassiers irlandais et des ouvriers chinois qui ont bâti le *C.P.R.*, mais ce sont des Écossais qui en sont devenus propriétaires. Cinq des dirigeants de la Banque de Montréal, fondée en 1817, étaient Écossais. L'éventuel directeur de la Banque Royale, James Muir, était lui aussi un Écossais. Ce dernier était d'ailleurs si fidèle à ses origines qu'il exigeait qu'on relie son édition des discours de la *St Andrew's Society* avec une couverture arborant le tartan de sa descendance.

À la tête de ces lairds du Nouveau Monde, on retrouvait lord Strathcona. Né Donâld Alexander Smith, il n'avait pourtant été qu'un modeste employé de la Compagnie de la Baie d'Hudson, posté trente ans durant au Labrador où il faisait la traite des fourrures. Rendu à Montréal, il devint un extraordinaire snob. Strathcona tenait un registre de réception, dans lequel ses visiteurs étaient classés selon leur rang social. Dans cette liste, qui reflète admirablement l'éclat de la vie mondaine à l'époque, on retrouvait un futur roi et une future reine d'Angleterre, un prince et une princesse, huit ducs, sept marquis, vingt et un comtes, six vicomtes, six gouverneurs généraux, sept premiers ministres, vingt-sept premiers ministres provinciaux, quatre archevêques, dix-sept évêques, quatorze juges en chef, vingt-neuf juges à la Cour suprême, trente et un maires et cinquante-huit généraux (lesquels étaient en outre séparés selon qu'ils commandaient dans l'armée britannique ou une simple troupe coloniale).

Fidèle à son statut, Strathcona se vantait de posséder un des plus grands manoirs montréalais, qui s'étendait sur deux terrains au coin des rues Fort et Dorchester. Le revêtement extérieur de la maison de trois étages était en pierre brune, et l'imposante porte d'entrée de la façade s'ouvrait sur un magnifique escalier d'acajou valant 50 000 dollars, sculpté par des artisans qui l'avaient par ailleurs assemblé à queue d'aronde afin qu'on ne voit aucun clou. La salle de bal du deuxième plancher était surplombée d'un balcon de marbre suffisamment spacieux pour recevoir un petit orchestre. La salle à manger donnait sur un jardin qui pouvait recevoir plus de deux mille visiteurs. Isolées sous l'escalier, huit chambres étaient réservées au maître d'hôtel, à une douzaines de bonnes et à une multitude d'autres laquais.

Le manoir de lord Mount Stephen était encore plus fastueux. Fils d'un menuisier écossais, Mount Stephen avait été, avec son cousin Strathcona, un des principaux agents financiers lors de la construction du *C.P.R.* Sa somptueuse résidence de style Renaissance italienne, sise au 1440 Drummond (aujourd'hui le Club Mount Stephen), était entourée d'un jardin anglais couvrant presque tout un pâté de maisons. Le manoir, qu'on avait mis plus de trois ans à construire, se distinguait par son hall d'entrée sculpté dans de l'acajou de Cuba, avec des poignées de portes et des charnières en or vingt-deux carats, et des vitraux du dix-septième siècle. Les murs de la chambre des maîtres étaient sculptés dans de l'érable à broussins et aucune porte dans la maison ne mesurait moins de quatre pouces d'épaisseur.

*La rue Saint-Jacques, au cœur des finances de la ville.*

Bien que la classe bourgeoise montréalaise fût très britannique, la ville elle-même était devenue de plus en plus française depuis le milieu du siècle. Mais les habitants du Mille carré doré ne s'en faisaient pas pour autant. Comme l'expliquait lord Strathcona lors d'une de ses allocutions : « Même s'il existe au Canada une population qui n'est pas originaire de Grande-Bretagne, je peux dire sans hésitation que ce sont d'aussi bons et loyaux sujets britanniques que nous. Ce sont des Anglais comme nous, à la seule différence qu'ils parlent le français aussi bien que l'anglais ! » Et vlan pour le bilinguisme en 1892.

Il va sans dire qu'il existait un autre Montréal, tout aussi coloré quoiqu'on le remarquât moins, où une tout autre classe vivait une tout autre existence. Dans « la ville au pied de la montagne », tel qu'on appelait le district ouvrier, le pire quartier était Griffintown, un ghetto irlandais où les rues étaient ou bien non pavées ou bien recouvertes d'un mélange de cailloux et de tronçons d'épinette rouge, et où certains enfants marchaient pieds nus l'année durant. Les maisons, généralement des cabanes recouvertes de papier goudronné, étaient à une minute de marche du Mille carré doré : aussi bien dire un siècle... La métropole d'alors, comme celle d'aujourd'hui, était un amalgame de diverses communautés, chacune tournoyant dans sa propre sphère.

(Droite) Jour de marché à la Place Jacques-Cartier. Les Anglais dominent le monde des affaires du Montréal de l'époque victorienne, mais ce marché en plein air avec, à l'arrière-plan, l'hôtel de ville de Montréal, atteste le caractère canadien français de la ville. Toutefois, la colonne est un monument commémoratif dédié à Lord Nelson. D'autres colonnes similaires ont été érigées dans des capitales de l'Empire. (Ci-dessus) La place et l'hôtel de ville, aujourd'hui. Un incendie, dans les années 1920, n'ayant épargné que les murs, l'hôtel de ville a été reconstruit, le toit, deux étages plus haut et une coupole, à la place de l'ancienne tour.

(Droite) Place d'Armes en 1892.
À gauche, l'imposant édifice qui, à son
inauguration en 1888, était le premier
gratte-ciel de Montréal, abrite les
bureaux de la New York Insurance.
Contrastant avec ce monument qui
symbolise le Veau d'or des anglophones,
l'église Notre-Dame, à droite,
est parfois appelée l'église paroissiale
du Canada français. (Ci-dessous)
La façade actuelle du premier
gratte-ciel de Montréal. (Ci-contre)
La représentation, par le peintre
Robert Harris, d'une Place verdoyante
nous permet d'imaginer à quoi
ressemblait la Place d'Armes en été,
il y a un siècle.

96

(Droite) La rue Sherbrooke était la principale avenue du Mille carré doré de Montréal. L'élite du monde des affaires montréalais y a construit des manoirs pour y loger. Mais certains parmi les riches (ci-dessus et ci-dessous) ont déménagé le long de la rue Dorchester jusqu'à Westmount qui reste le quartier huppé de Montréal.

# DEUX COUSINS ENTÊTÉS

I ls étaient riches, proches parents, et d'implacables rivaux. Nés puis élevés en Écosse, ils étaient arrivés au Canada au tout début de l'âge adulte. Mais ce n'est pas avant 1866, alors que Donald Smith aurait quarante-six ans et George Stephen trente-sept, que les deux cousins se rencontrèrent enfin. Le premier contact fut difficile. Après avoir passé quatorze ans au Labrador comme régisseur de la Compagnie de la baie d'Hudson, Smith avait profité d'un séjour à Montréal pour faire connaissance avec son cousin qui, lui avait-on dit, s'était enrichi dans le commerce de la laine.

Quant à Stephen, un homme effectivement très prospère, il ne fut pas du tout impressionné par les manières rustres de son cousin barbu. Les deux hommes restèrent néanmoins en contact.

Puis Smith décida d'investir le pécule qu'il avait amassé au Labrador dans des actions de la *Bank of Montreal*. Selon un scénario qui deviendrait courant, Stephen imita l'initiative de son cousin et, en 1873, il devint un des directeurs et actionnaires de la banque. Dans les années suivantes, alors que la carrière des deux hommes connaissait une ascension fulgurante – Smith serait bientôt à la tête de la compagnie de la baie d'Hudson, et Stephen le président de la *Bank of Montreal* et du *C.P.R.* –, le sens inné des affaires de Smith entraînerait l'autre dans des entreprises de plus en plus lucratives. Comme David Cruise

et Alison Griffiths le résument dans *Lords of the Line* : « Smith était l'instigateur et le catalyseur, tandis que Stephen était le véritable homme d'affaires et le financier... Le talent de Smith pour trouver des fonds... a permis à Stephen de réaliser ses investissements les plus rentables : *Bank of Montreal*, *Saint Paul and Pacific Railroad*, et le *C.P.R.* »

Bien que ce fut Stephen qui devint le premier président du *C.P.R.*, c'est à Smith que revint l'honneur d'enfoncer le dernier tire-fond lors de la cérémonie historique de 1885. Stephen aspirait à plus encore. Alors qu'il était déjà baronnet, il fut élevé à la Chambre des pairs en 1891, avec le titre de baron Mount Stephen. Malgré le fait que Smith ait contribué largement à la richesse et au pouvoir de Stephen, ce dernier faisait rarement preuve de gratitude ou même de considération envers son cousin. En 1889, lorsque Stephen annonça sa résignation à la présidence du *C.P.R.*, il ne prit même pas la peine d'en avertir Smith. Celui-ci ayant relevé l'insulte, il se fit répondre qu'il agissait « comme un bébé »...

En 1892, Stephen s'installa à Brocket Hall, dans la région du Hertfordshire, où il put enfin réaliser le rêve de tout bâtisseur d'empire : mener la vie d'un lord anglais. Smith regagna également l'Angleterre en 1896, où il devint Haut-commissaire à Londres. L'année suivante, il accéda à son tour au cercle doré avec le titre de baron de Strathcona et de Mount Royal.

Toutefois, même après le décès de Strathcona, en 1914, Stephen ne parvint jamais à dire un bon mot à propos de son rival. Refusant de prêter son concours à un biographe de Strathcona, Stephen déclara que la contribution de son cousin à la construction du chemin de fer parcourant le Canada était « de l'histoire ancienne, sans conséquence ou presque pour quiconque ».

# LE MANOIR DU MAGNAT DES CHEMINS DE FER

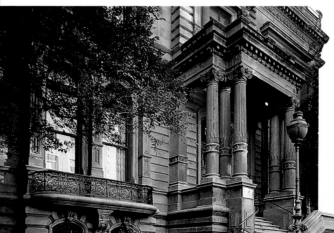

*Aujourd'hui, un grand nombre des anciens manoirs splendides qui bordaient les rues du Mille carré doré de Montréal ont disparu ou bien changé. Heureusement, un manoir reste encore quasiment inchangé. La maison de George Stephen (gauche) abrite maintenant le club sélect Mount Stephen. Même si l'ancienne serre (ci-dessus) n'existe plus, l'escalier principal (ci-contre) donne une idée de l'aspect du manoir il y a un siècle (ci-dessus et extrême gauche). Vers 1892, Stephen vivait en Angleterre. Sa sœur et le mari de cette dernière, l'industriel Robert Meighen, vivaient en résidence.*

# LA MÉDECINE
# À MONTRÉAL

En 1892, Montréal était la capitale de la médecine canadienne. L'école de médecine de l'Université McGill, érigée dans les basses pentes du Mont-Royal, était la plus avant-gardiste du pays. On allait bientôt terminer la construction de l'hôpital Royal Victoria (financée par les deux plus grands philanthropes montréalais : Donald Smith et George Stephen). D'allure plutôt rébarbative aujourd'hui, l'architecture du Royal Victoria était à l'époque du dernier chic.

La réussite de la vie médicale montréalaise était en grande partie l'œuvre d'un seul homme, le docteur William Osler. Professeur à l'Université McGill dans les années 1870, Osler prônait qu'il ne suffisait pas d'assister à des cours magistraux pour devenir médecin ; il fallait en outre une connaissance pratique de l'anatomie et un savoir technique permettant l'utilisation des outils de pointe tels que le microscope. L'université allait heureuse-

(*Ci-dessous*) *Le docteur William Osler a révolutionné les études médicales en Amérique du Nord.*

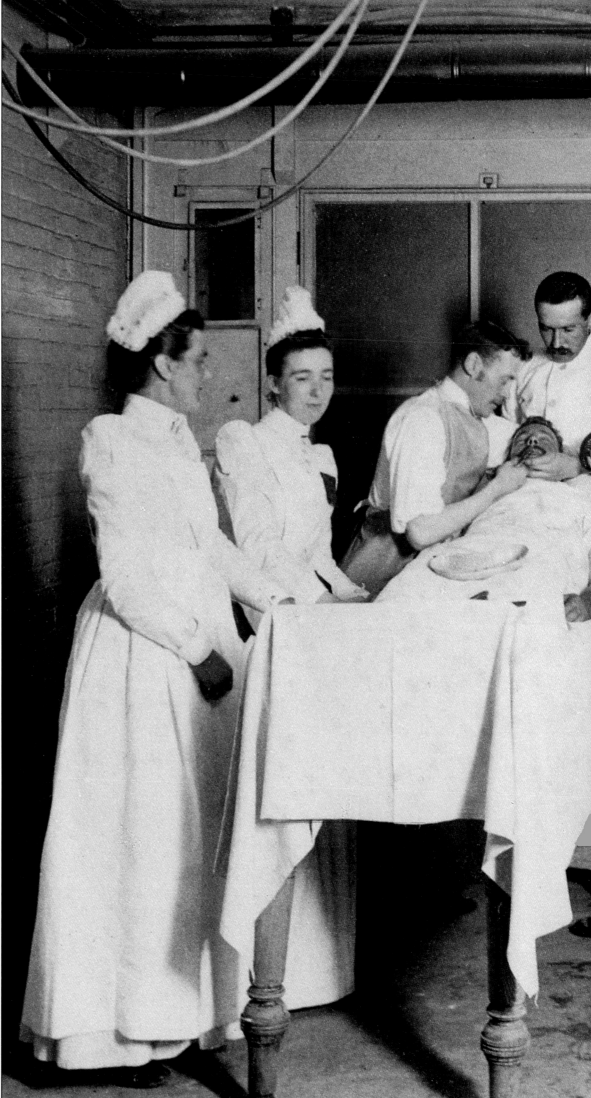

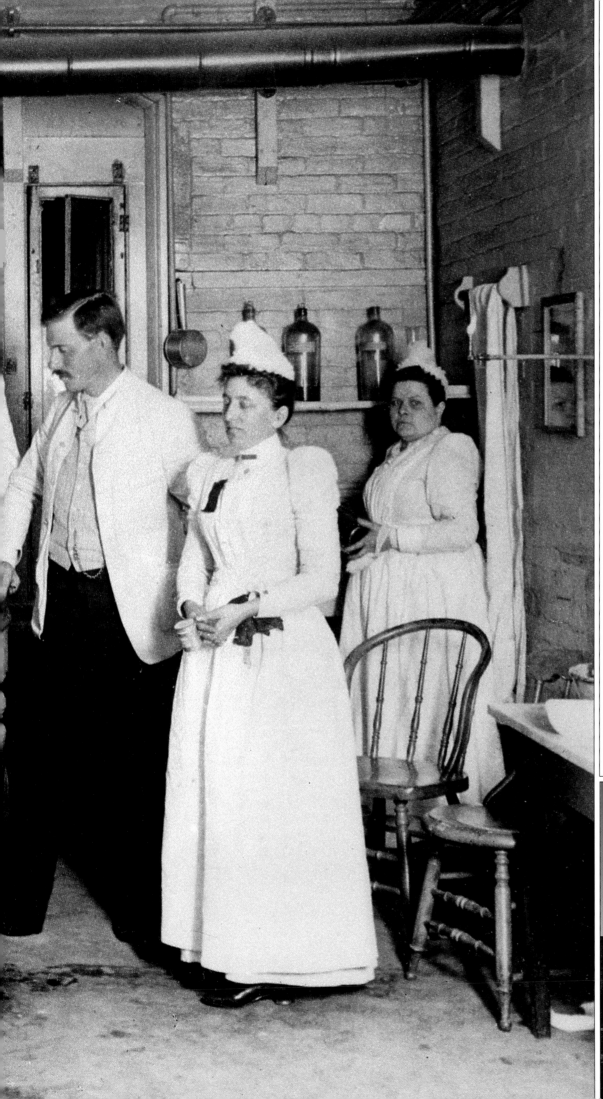

ment poursuivre dans cette voie même après le départ du docteur Osler en 1892.

Malgré les progrès réalisés par Osler et d'autres pionniers dans le domaine médical, la pratique de la médecine à la fin de l'ère victorienne était encore relativement primitive. On appliquait plus volontiers des mesures d'hygiène, et de même l'usage de produits anesthésiques, tels que l'éther et le chloroforme, était de plus en plus fréquent ; toutefois, dans le domaine de la chirurgie par exemple, on se limitait encore à amputer des membres gangrenés. Beaucoup de Canadiens, en particulier à l'extérieur des grandes villes, traitaient leur mal avec des remèdes maison : ainsi on guérissait de l'asthme en faisant une marche rapide autour de la maison à minuit, et une infection de la gorge se traitait par l'application d'un crapaud jaune sur la région atteinte...

À la fin du dix-neuvième siècle, la spécialité pharmaceutique représentait un marché très lucratif et les manufacturiers prêtaient des vertus extraordinaires à leurs produits qui, plus souvent qu'autrement, n'étaient que d'inutiles concoctions d'herbes arrosées d'alcool. Il semblerait pourtant que l'huile de *St Jacobs* a guéri bien des douleurs, tandis que les pilules roses du docteur Williams ont fait des merveilles pour redonner un joli teint aux pâlichons...

*(Gauche) Aucun masque ni aucune paire de gants ne figurent dans cette salle d'opération de l'hôpital Général de Montréal, en 1892, et la poussière recouvre visiblement la tuyauterie, en haut. (Ci-dessous) L'hôpital Royal Victoria, aujourd'hui.*

105

# LE CHARME DE L'HIVER

Les Canadiens d'il y a un siècle célébraient l'hiver, peut-être faute de pouvoir y échapper. (Gauche) Chaque année, Montréal célébrait la fête de l'hiver. L'événement majeur était un magnifique château de glace à plusieurs étages. (Ci-dessous) Les samedis, le Tandem Club faisait parader des traîneaux tirés par deux chevaux alertes sur les pentes du Mont-Royal. (Ci-dessous) Le studio de William Notman a reconstitué, à l'intérieur, les glissades en toboggan dans le parc du Mont-Royal qui constituaient une autre activité pendant les hivers montréalais.

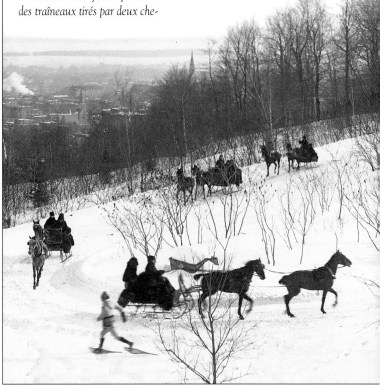

# LA NAISSANCE DU SPORT PROFESSIONNEL

L es sports au Canada ont commencé leur véritable ascension au tout début des années 1890. Jusquelà, le sport était une mode chez les gens de la haute, qui profitaient de leur membership dans les clubs de tennis, de golf ou de raquettes, pour socialiser entre eux. Mais désormais le sport serait l'affaire de tout le monde, et les foules se rueraient dans les stades et dans les arénas, pas tant pour jouer, mais plutôt pour assister aux joutes.

Les deux sports qui attiraient le plus de spectateurs à l'époque étaient le hockey et le base-ball. Toronto et Hamilton furent les deux premières villes à avoir des équipes dans la *International Baseball League*, et bientôt on compterait dix-huit clubs professionnels au Canada. Quant au hockey, il était de plus en plus populaire, bien qu'on fût encore à une décennie de l'apparition du hockey professionnel. Tout le monde semblait s'y intéresser, même les deux fils du gouverneur général qui chaussèrent leurs patins pour l'équipe vice-royale locale, les *Rideau Hall Rebels*.

On ne s'en doutait pas à l'époque, mais les premiers matches du club *Montreal Amateur Athletic Association* marqueraient les débuts d'une nouvelle tradition canadienne. À la fin de leur première saison de hockey, en 1892-1893, ils seraient les premiers récipiendaires de la coupe Stanley.

*Le tennis (ci-dessous) et d'autres sports de raquettes ont connu une popularité croissante dans les an-* *nées 1890. (Droite) La salle des trophées, au siège du Montreal Racquet Club construit en 1889.*

# UNE ARÈNE POLITIQUE
## *Ottawa*

# OTTAWA
## LA NATION EN MINIATURE

N VISITE À OTTAWA, EN 1872, GOLD-win Smith avait décrit la ville comme un « village de bûcherons, presque arctique, transformé par mandat royal en arène politique ». Le commentaire était certes cruel, mais comme bien d'autres assertions de Smith, celle-ci n'était pas tout à fait dénuée de fondement. En 1892, malgré un certain progrès, on aurait encore matière à se plaindre. « Ottawa n'a jamais été qu'Ottawa, écrit alors un habitant de la ville : ce n'est qu'impôts et désolation. »

Dans les années 1890, la vie d'Ottawa gravitait autour de Rideau Hall où trônaient le gouverneur général et sa cour. La nomination au poste de gouverneur général constituait habituellement un véritable cadeau, un tremplin pour accéder au poste de vice-roi des Indes. Toutefois, dans le cas de lord Stanley Preston, gouverneur en exercice en 1892, sa nomination s'était voulue davantage une ultime récompense après des années de loyaux, et bien peu inspirants, services à Sa Majesté. Bien qu'il restât dans son ombre, Stanley avait toujours été un proche confident de sir John A. Macdonald. Pendant son mandat, Stanley reçut les industriels et les personnages de marque du pays entier, transformant sa résidence en ce que les historiens Bernard Ostry et H. S. Ferns ont appelé « une hiérarchie mondaine, brillante et empanachée, comme on n'en retrouve dans aucune autre ville nord-américaine ».

Mais le véritable centre politique d'Ottawa n'était pas Rideau Hall ni l'enceinte très gothique des buildings parlementaires. C'est à l'hôtel *Russell House*, au coin des rues Sparks et Elgin, que se réglaient les grandes questions. À l'origine une modeste maison de pierre, le *Russell House* avait pris son expansion à mesure que grossissait le gouvernement, devenant à l'orée des années 1890 un impressionnant édifice victorien étendant ses quatre étages sur la quasi totalité du pâté de maisons. Pour bien des députés, ironiquement appelés des « visiteurs »

(« *sessionals* ») par les résidents permanents de la ville, le *Russell House* était un abri alors que la Chambre était en séance. La rumeur disait qu'on pouvait voir passer le monde entier du hall de l'hôtel. En réalité, l'action se déroulait en retrait du hall, dans le bar de l'hôtel. C'est là que se concluaient les marchés, là que les lobbies s'affairaient à promouvoir leur cause, et c'est là que se vendaient ou s'achetaient les votes des députés et des sénateurs.

Grâce à son statut de capitale nationale, dans laquelle résidaient en 1892 plus de 37 000 personnes, Ottawa jouissait des nombreux avantages réservés aux grandes villes. L'éclairage électrique avait été instauré dès 1885, et, six ans plus tard, les premiers tramways s'étaient mis à circuler au cœur de la ville. Des édifices à la mesure de l'étendue et de l'importance d'Ottawa furent par ailleurs érigés. En 1889 eut lieu l'inauguration de l'édifice Langevin, en face des Chambres du Parlement, dont il empruntait d'ailleurs l'architecture gothique. Conçu pour renfermer les bureaux de la fonction publique alors naissante, le bâtiment de quatre étages doit son nom au ministre des Travaux publics d'alors, Hector Langevin. Ironiquement, en 1891, Langevin serait reconnu coupable d'avoir détourné des fonds destinés à son ministère pour renflouer les coffres de sa caisse éléctorale, et forcé de démissionner. En 1890, on érigea en outre l'édifice Chambers, destiné au nombre croissant d'avocats et autres professionnels qui venaient élire domicile à Ottawa.

En dépit de ces améliorations dignes d'une grande cité, Ottawa restait davantage la réunion de plusieurs petites villes. La basse ville, qui était la partie la plus ancienne de la ville, était un assemblage d'édifices de pierres grises construits selon un style simple et classique, et qui dénotaient une influence française seyant admirablement à ce quartier francophone de la ville. Les immeubles de la haute ville et de Sandy Hill, où résidaient les fonctionnaires et un nombre grandissant de professionnels (en majorité des anglophones protestants), étaient pour leur part faits de briques victoriennes. Sise dans la haute ville, la rue Sparks ressemblait à la rue principale d'une petite ville d'Ontario. Les appartements Le Breton, où vivaient plusieurs Irlandais, étaient une collection de cottages construits pour les ouvriers des scieries.

Les magnats de l'industrie du bois de charpente, confortablement installés dans leurs manoirs sis à flanc de falaise sur la rivière, contrôlaient toujours l'économie de la ville. Leurs moulins à scie, construits à proximité des chutes de la Chaudière, bordaient de même les rives de l'eau, couverte d'immenses trains de flottage. En 1890, la haute société recrutait principalement ses membres dans le gouvernement; toutefois, les magnats du bois les plus respectables, et dont la conduite était irréprochable, pouvaient en rejoindre les rangs. Ce fut le cas de E. B. Eddy, le propriétaire de la plus grande manufacture d'allumettes de tout l'empire britannique. Bien qu'on le considérât comme un excentrique, sa compagnie

était nettement plus recherchée que celle de John Rudolphus Booth, par exemple, dont les scieries étaient les premières productrices de bois de charpente au monde. Son langage grossier et sa fâcheuse habitude de chiquer le tabac excluaient définitivement monsieur Booth de la bonne société.

L'industrie du bois de charpente connut son apogée en 1896, puis, en 1900, à la suite d'un désastreux incendie qui détruisit plusieurs scieries et laissa des milliers de sans-abri, elle commença à péricliter. Les magnats du bois de charpente se faisant trop âgés et trop ancrés dans leurs habitudes pour relever de nouveaux défis, leur industrie quitta peu à peu la vallée de l'Outaouais. Il n'y resterait plus qu'une industrie. Mais en 1892, la ville d'Ottawa, avec ses communautés francophone et anglophone, catholique et protestante ; avec, d'un côté, ses rois du bois de charpente, artisans de leur propre fortune, et de l'autre, ses travailleurs de scieries, tous surveillés par le représentant de la reine et ses fonctionnaires, avait été un microcosme assez fidèle du pays.

*Flottage du bois près des chutes de la Chaudière*

(Ci-dessus) Les édifices du Parlement ont changé comme la ville autour d'eux, contrairement à la rivière et aux escarpements qui la bordent. Leur aspect actuel et celui d'il y a un siècle (gauche) se ressemblent.

115

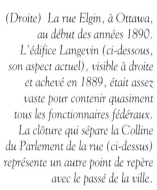

(Droite) La rue Elgin, à Ottawa, au début des années 1890. L'édifice Langevin (ci-dessous, son aspect actuel), visible à droite et achevé en 1889, était assez vaste pour contenir quasiment tous les fonctionnaires fédéraux. La clôture qui sépare la Colline du Parlement de la rue (ci-dessus) représente un autre point de repère avec le passé de la ville.

# LES STANLEY :
# DE JUGEMENT ET
# DE TACT

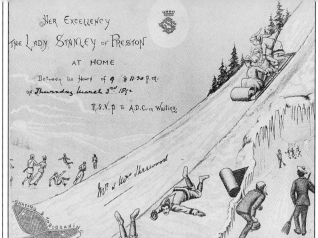

(Gauche) Une invitation à l'une des réceptions de lady Stanley à venir faire du toboggan. (Droite) Le traîneau vice-royal de lord Stanley est arrêté devant la piste de toboggan qui était si représentative des plaisirs de l'hiver à Rideau Hall. (Extrême droite) Rideau Hall au temps où lord Stanley y résidait.

À chaque jour (ou presque), sans même le savoir, nous rendons hommage au gouverneur général du Canada parmi les moins mémorables de l'histoire. En effet, à chaque fois que les Canadiens mentionnent le trophée de hockey le plus convoité en Amérique du nord, ils évoquent aussi le nom de lord Stanley, sixième gouverneur général, qui offrit au Dominion la coupe portant son nom, pour se plaindre ensuite qu'il venait de perdre cinquante dollars...

Frederick Arthur Stanley, seizième comte de Derby et baron de Preston, est né à Londres en 1841. Après avoir occupé divers postes au Cabinet, dont celui de secrétaire d'État aux colonies, il accepta le poste de représentant de la reine Victoria au Canada.

Les Stanley sont donc arrivés à Montréal en 1888, en compagnie de quatre de leurs dix enfants. Lorsque lady Stanley mit le pied à Rideau Hall – que la reine Victoria insistait pour qu'on appelle « le palais du gouverneur » – « Government House » – comme c'était l'usage dans les autres capitales –, elle fut horrifiée par « tous ces bleus et ces rouges parfaitement hideux ». En quittant la résidence, en 1893, elle préviendrait d'ailleurs les nouveaux occupants de ce que l'ameublement était « très démodé ». « Les murs sont complètement dégarnis, ajouta-t-elle... La pièce qui a toujours servi de salon à la femme du gouverneur est toute vide... Il n'y a ni lampes, ni coussins, ni nappes dans la maison. En fait il n'y a aucune de ces petites choses qui enjolivent une pièce et la rendent confortable. »

Mais les inconvénients de Rideau Hall n'entachèrent en rien le style de vie des Stanley. Ils étaient ce qui se rapprochaient le plus d'une royauté canadienne et à ce titre ils ne refusaient aucune invitation. Ainsi leurs albums souvenirs témoignent de sorties en patins, de carnavals costumés, de promenades en traîneau, de scènes de théâtre mettant en vedette des membres de la famille, et même d'un cake-walk dansé en plein temps de carême. R. H. Hubbard rapporte que « lors d'une magnifique fête » à la citadelle de Québec, où les Stanley passaient l'été, « les pièces étaient ornées de banderoles et de blocs de glace ; sur la terrasse, décorée de verdure et de lanternes chinoises, on avait aménagé de petites tentes pour flirter ».

Malgré tout, lady Stanley était loin d'être amateur de mondanités et de réceptions maison. Jugée par le leader libéral Wilfrid Laurier comme une femme « talentueuse et spirituelle », elle mit sur pied un institut de formation en nursing, aujourd'hui

démoli, qui avait pignon sur la rue Rideau à Ottawa.

Quant au gouverneur général, il n'était jamais plus heureux que lorsqu'il allait à la pêche à la baie des Chaleurs, au Québec. Il était si fervent du sport, comme l'écrit Sandra Gwyn, qu'il se fit construire « un confortable pavillon de pêche de dix-neuf chambres à coucher, qu'il baptisa Stanley House, et dans lequel il installa le téléphone – alors peu usité à la campagne –, à la seule fin de se tenir au courant de la progression des saumons au moment du frai. »

Au point de vue politique, lord Stanley était un homme influent, mais discret. Bien que ses années en poste furent relativement mouvementées – on enterra trois premiers ministres et on en assermenta deux autres ; tandis que l'avenir de la nation persistait dans sa fragilité –, l'homme politique ne soulevait pas d'émotions. Non que Stanley ne fût pas attaché au Canada. Au contraire, il adorait faire des ballades en train, à cheval, ou en bâteau, et trouvait vivifiant d'admirer les paysages. C'est à la fois son énergie et son souci du décorum qui ont gagné le cœur des gens. Après son départ, on entendrait couramment ce genre d'hommages : « Au Canada, Stanley avait acquis une grande popularité ; il a encouragé le patriotisme britannique à l'intérieur du Dominion, et a exercé en toute liberté son jugement et son tact. »

*Lord Stanley (ci-dessus) et lady Stanley (ci-contre). (Gauche) Vêtus comme de joyeux paysans, lord Stanley et son entourage sont prêts à faire de la raquette pour la journée, à Rideau Hall.*

119

# LES POÈTES DE LA FONCTION PUBLIQUE

En février 1892, Archibald Lampman, un jeune poète et fonctionnaire à Ottawa, écrivait à un ami : « Son esprit est erratique et brouillon, mais plein de bonnes idées qui émergent de temps en temps… » L'objet de cet éloge équivoque était son voisin d'à côté, lui aussi un poète et un travailleur de la fonction publique, William Wilfred Campbell. « C'est un drôle de personnage », écrivait encore Lampman, « et il est d'une pauvreté lamentable. » (Il ne gagnait alors que 1 dollar 50 par jour comme commis de bureau.) Afin de mettre leur talent à bon escient, et pour permettre à Campbell de gagner davantage, Lampman et un autre ami écrivain en herbe et fonctionnaire, Duncan Campbell Scott, s'adressèrent au *Globe* de Toronto. Ils demandaient « assez d'espace pour écrire deux paragraphes et de courts articles hebdomadaires, peu importe le salaire ». Ainsi naquit « *At the Mermaid Inn* », un recueil hebdomadaire de courts essais, de critiques et de commentaires, qui parut moins d'un an et demi mais qui, grâce à ce qu'il révèle de la vie littéraire au siècle passé, occupe une place prépondérante dans l'histoire de la littérature canadienne.

Pour la première livraison, le samedi 6 février 1892, Lampman composa une méditation sur le thème des saisons canadiennes, ainsi qu'un bref commentaire sur l'étonnante affection que portait l'empereur Guillaume II à Mark Twain ; Scott fit une critique du dernier poème de Victor Hugo ; et Campbell pondit un paragraphe sur le

système des classes sociales en Amérique du nord. Pour trois dollars par semaine chacun, les jeunes écrivains continueraient d'envoyer leurs pensées éclectiques dans la colonne du samedi : ils traiteraient d'animaux de compagnie et de serpents de mer, de moines trappistes et de cheminées, mais aussi d'autres matières plus sérieuses touchant la vie littéraire et politique au Canada et à l'étranger.

Comme pour renforcer l'opinion qu'avait Lampman à son égard, Campbell était moins constant dans l'excellence de ses articles. Et dès qu'il décrocha un poste au

département de la Milice et de la Défense qui lui permit de vivre décemment, il cessa sa collaboration au journal. Ce fut en outre la fin de « The Mermaid Inn ». Un des derniers papiers de Campbell était consacré à une parodie mesquine de poèmes signés John Pensive Bangs, de toute évidence inspirés par l'écriture de Lampman lui-même...

La réputation de Lampman survécut à cet affront et, malgré sa mort prématurée en 1899, à trente-huit ans, il est aujourd'hui considéré comme le plus grand poète canadien de la fin de l'époque victorienne. Quant à Duncan Campbell Scott, lui-même

*(Au centre, ci-dessus) Le bureau de poste d'Ottawa tel qu'il était quand Lampman (à droite) travaillait au ministère des Postes.*

un important poète, il vécut jusqu'en 1947, après avoir louangé sa vie durant la poésie de son ami Lampman. William Campbell devint un ardent supporteur de l'impérialisme britannique et mourut en 1918.

# LA MILICE

Érigés au temps où les stratégies de défense du Canada reposaient essentiellement sur sa milice, les remparts de pierre cachant des dépôts d'armes sont monnaie courante dans plusieurs villes canadiennes. L'armée était alors minuscule et le Dominion devait enrôler d'autres soldats à temps partiel afin de protéger efficacement ses nouvelles frontières.

En 1892, la milice canadienne vivait des temps difficiles. Intelligents, disciplinés et patriotiques – du moins en apparence –, les soldats (à la propreté douteuse) et les officiers (ceux-là très gentlemen) en étaient à un point de leur existence où une réforme s'imposait.

Une fois l'an, soldats et officiers devaient se soumettre à un camp d'été d'une quinzaine de jours où, contre de minuscules rations de nourriture, on leur faisait répéter inlassablement les mêmes manœuvres, exigeant même qu'ils feignent la guerre au profit de spectateurs-contribuables. Durant les cinquante autres semaines de l'année, les quelques soldats permanents allaient gagner moins de la moitié du salaire d'un cultivateur, dormir dans des quartiers surpeuplés, et ce sans jamais espérer recevoir une pension. Le sort des officiers ne serait guère plus enviable : avec un salaire deux fois moins élevé que leurs confrères américains, ils ne recevraient jamais de pension eux non plus.

À cette époque, la défense canadienne était victime d'un patronage éhonté. Un grand

nombre d'officiers siégaient au Parlement, de sorte qu'ils pouvaient aisément abuser de leur autorité et corrompre l'armée. Durant le grand nettoyage des années 1890, le major général Ivor Herbert admettrait que sa plus grande difficulté avait été de vérifier les cas d'abus qui avaient été tolérés par le gouvernement au profit de ses partisans politiques. « Des hommes ont été enrôlés alors qu'on savait pertinemment qu'ils ne feraient jamais la moindre manœuvre. Des officiers se sont absentés sans permission et ont été remplacés par d'autres qui n'avaient aucune qualité pour le poste. Des individus qui n'étaient pas en service ont été inscrits sous le titre d'officier sur les listes de paye.»

Comment expliquer que tant d'hommes aient toléré un tel manque de moralité et un salaire aussi minable pour appartenir à la milice canadienne ? Il y avait plusieurs raisons. Aussi mince était le montant, l'argent était toujours le bienvenue pendant cette période économique difficile. Pour les plus privilégiés, qui pouvaient rêver de devenir officier (bien que leur rêve surpassait souvent la réalité), la milice ouvrait la porte à l'approbation sociale, voire même à l'admiration. Mais par-dessus tout, le service était l'occasion de rompre avec la corvée du travail et de la famille. On pouvait y nouer des amitiés durables et y vivre des moments inoubliables, généralement enjolivés par l'alcool.

Et à partir des années 1890, la milice canadienne était mûre pour la réforme.

*(Ci-dessous) Quels que soient ses défauts comme force militaire, la milice canadienne n'avait pas sa pareil en la matière d'uniformes.*

# DES DEMEURES VICTORIENNES EN BRIQUES ROUGES
## *Toronto et l'Ontario*

# TORONTO

## LES FORTUNES EN PROGRÈS

ans les années 1890, Toronto était encore une ville portuaire. Les nombreux entrepôts et bureaux, construits sur des quais tentaculaires se prolongeant dans le lac Ontario, faisaient du littoral près des rues Bay et Yonge le carrefour commercial le plus achalandé de la ville. Des cargos transportant du charbon de Lehigh Valley (qui rapportait un million de dollars par année) accostaient régulièrement au bout de la rue Church. On s'attroupait pour voir les navires à voiles qui arrivaient, ou qui repartaient, des passagers à leur bord, vers d'autres villes des Grands Lacs, ou jusqu'à Niagara, ou encore pour une excursion le long du Saint-Laurent. Quant aux bateaux, ils étaient richement meublés : tables de marbre, sofas rembourrés à l'excès et hublots en vitrail ornaient les salons.

Cette métropole de 185 000 habitants, débordante d'activités, était la ville qui avait le plus bénéficié de la Politique nationale de Macdonald. Le nombre croissant de cheminées d'usine bordant l'horizon en attestait. Néanmoins, les ardents supporteurs de Toronto savaient que leur ville, aussi fertile fût-elle en industries de toutes sortes, ne rivaliserait pas avec Montréal à moins de devenir elle aussi une importante gare terminus. Ce qu'elle devint. Le premier tronçon de chemin de fer, reliant Toronto à Barrie, fut terminé en 1853 ; il fut prolongé, deux ans plus tard, jusqu'à Collinwood dans la baie Géorgienne. Au même moment, Toronto fut intégré au réseau ferroviaire de *Great Western Railway*, et les commerçants eurent accès aux villes de Windsor, Détroit et Buffalo. La ville devint alors un important centre d'exportation. Elle était désormais reliée à Montréal par le chemin de fer du *Grand Tronc*, et ses péniches empruntaient le canal Erié pour acheminer des marchandises jusqu'aux divers ports des États-Unis.

L'instauration de l'électricité dans les manufactures de Toronto déclencha un essor d'envergure dans l'industrie lourde, si bien qu'en 1892, 2 500 manufactures produisaient des biens de consommation. Une telle activité économique requérait nécessairement un important financement et les banques torontoises – *Commerce, Toronto, Dominion, Standard, Imperial* –, de même que les nouvelles institutions de prêt hypothécaire comme *Canada Permanent Mortgage* et *Freehold Loan & Trust*, permirent de maintenir la forte croissance industrielle. Henry Bethune, qui serait pendant vingt-quatre ans le directeur général de la *Dominion Bank* était un des banquiers les plus influents de l'époque. Selon l'historien Donald Creighton : « Bethune semble avoir été une espèce de

caricature du banquier anonyme. À ma connaissance, il ne reste aucune trace de ce qu'il a pu dire ou écrire. » De fait, Bethune était si réservé de nature que jamais il ne prenait la parole lors des assemblées annuelles de la banque. Mais aussi terne fût-il, l'homme s'y connaissait en opérations bancaires. On lui doit d'ailleurs d'avoir changé les modalités des prêts aux particuliers. Plutôt que d'exiger un billet à ordre, généralement signé par un membre important de la communauté qui cautionnait ainsi les capacités de rembourser de l'emprunteur, il fit en sorte qu'on évalue uniquement la valeur monétaire personnelle de ce dernier.

Sir Henry Pellatt était un tout autre personnage. À une époque où foisonnait le nombre de courtiers en valeurs mobilières (dont les célèbres E. B. Osler et A. E. Ames), lui-même s'était lancé dans la profession en travaillant à la maison de courtage de son père. Il devint plus tard propriétaire de la *Toronto Electric Light Company*, qui obtint le contrat d'éclairage des rues de

Toronto. Pellatt était impliqué également dans le développement hydro-électrique des chutes du Niagara. Enfin il fut du nombre des investisseurs privés regroupés au sein du consortium de la *Toronto Railway Company*, qui implanta le système de tramways dans la ville. Millionnaire excentrique (il aurait d'ailleurs fait fabriquer un dentier pour son cheval), Pellatt habitait un château de quatre-vingt-dix-huit pièces doté de stalles en acajou pour ses chevaux.

Outre Montréal, Toronto était la seule autre ville canadienne à pouvoir maintenir l'apparat de la classe mondaine dans toute sa complexité victorienne. À l'époque, les nouveaux riches étaient les Eaton et les Massey, dont les fortunes, disait-on, « avaient encore besoin de mûrir ». Ces familles de commerçants (les Eaton) et de manufacturiers (les Massey qui, avant 1879, opéraient à Newcastle, 50 milles à l'est de Toronto) n'étaient bienvenues qu'à moitié dans le monde doré des financiers, des grossistes et même des distillateurs (dont les

*Vue prise de Queen's Park et donnant vers le sud, en 1892*

Gooderham). Les personnages les plus honorables
descendaient des familles Ridout, Jarvis, Baldwin,
Boulton, Cawthra, Allan et Robinson ; c'était là une
véritable « petite noblesse de York », qui avait fait de
la rue Jarvis les Champs-Élysées de Toronto. Les manoirs érigés derrière des grilles de fer forgé ornemen-
tal, le long de cette avenue alors glorieuse, étaient des
modèles d'architecture classique anglaise, et
l'intérieur de leurs murs respirait la force tranquille
des propriétaires. Les nombreux « clubs » – *Toronto
Club, National Club, Royal Canadian Yacht Club,
Ontario Jockey Club, Toronto Lawn Tennis Club,
Toronto Cricket Club, Toronto Golf Club* – étaient par
ailleurs les autres sanctuaires privilégiés de l'élite.

En 1892, à Toronto, on achevait la construction des nouveaux édifices du Parlement provincial,
alors que le nouvel hôtel de ville, au coin des rues
Bay et Street, était toujours en chantier. Décrit par
un observateur de l'époque comme « une ivresse tita-
nesque, toute de grès », l'hôtel de ville serait salué
comme un monument à l'ultra-victorianisme de la
ville, élégant mais sévère. Achevé en 1889, à un coût
deux fois supérieur à ce qu'on avait d'abord prévu,
l'édifice fut inauguré avec un rare sens de la mise en
scène. Ce jour-là, les conseillers municipaux arrivè-

rent dans deux voitures tirées par douze chevaux blancs. Puis, au son tonitruant d'une fanfare militaire, l'un d'entre eux déverrouilla la massive porte de l'édifice à l'aide d'une clé en or fabriquée chez Birks.

C'est dans la construction des cathédrales de la ville qu'on a fait preuve du plus d'imagination. Nulle part en Amérique du Nord retrouve-t-on une telle surabondance d'églises. Le chroniqueur Arthur Peach

La rue Jarvis

se lamentait à ce propos : « Il y a des églises sur presque chaque coin de rue. Sur les autres il y a des écoles. La religion semble exister en abondance, mais pourtant pas le christianisme. » Toronto était une ville à majorité protestante, d'un protestantisme austère, et le dimanche était entièrement consacré à l'église (bien que certains méthodistes ne répugnaient pas aux pique-niques occasionnels). La théologie était à la mode, chaque confession défendant âprement sa doctrine, toujours plus sainte que celle des religions rivales. C'était mieux vu, socialement, d'être anglican plutôt que presbytérien. Quant aux méthodistes, eux seuls avaient Dieu de leur côté. Des affrontements fréquents, et parfois violents, entre les protestants orangistes et les Irlandais catholiques donneraient toutefois un tour plus sérieux aux préoccupations religieuses.

Malgré la ferveur chrétienne, on se préoccupait peu des questions sociales et aucune action n'était engagée pour venir en aide aux pauvres. Ces derniers, qui recevaient au mieux une maigre assistance gouvernementale, devaient donc dépendre de la froide et condescendante charité des riches. Selon la mentalité de l'époque, les pauvres l'étaient parce qu'ils ne savaient faire autrement : ils étaient abrutis par l'alcool ou encore souffraient d'un trouble irréversible de la personnalité. Ainsi plusieurs parmi les membres de la classe dominante croyaient qu'il suffirait, pour vaincre la pauvreté, d'interdire la fabrication et la vente de boissons alcoolisées. Il faut noter que Toronto était peut-être la ville la plus religieuse au Canada, mais ça ne l'empêchait pas d'être l'endroit du monde où l'on consommait le plus de whisky : quiconque buvait moins de vingt onces d'alcool par repas était considéré comme un abstème. Des individus plus éclairés parmi les riches eurent donc la bonne idée de parrainer des refuges, des maisons d'accueil et des organismes voués à la défense « des rétifs et des démunis ».

En 1892, Toronto était déjà une ville importante. Il lui restait à devenir une grande ville. Les classes démunie et privilégiée y avaient toujours vécu en vase clos, chacune ignorant presque l'existence de l'autre. Il faudrait attendre encore quelques décennies avant que Toronto n'atteigne sa maturité et rivalise enfin plus sérieusement avec Montréal.

(Ci-dessous) Vue de la rue Yonge vers le nord depuis la rue Front, en 1892. L'édifice de gauche abrite les bureaux de la Banque de Montréal achevée au milieu des années 1880, à un moment où d'autres banques essaient d'ériger les plus imposantes structures dans le quartier commercial prospère de la ville. (Droite) À l'intérieur, hall de la banque de deux étages, chapeauté d'un vitrail.

## LE SUCCÈS INOUÏ DE L'ARCHITECTURE ROMANE

Le style architectural roman richardsonien, créé par R. R. Richardson, un architecte de Chicago, connaît un immense succès au début des années 1890, surtout à Toronto. (Gauche) Détails extérieurs des deux meilleurs exemples torontois : l'Assemblée législative de l'Ontario et le manoir Gooderham (maintenant le York Club) achevés en 1892. Le vitrail de l'ancien hôtel de ville alors en construction à Toronto en est un autre exemple. (Ci-contre) L'édifice Gooderham achevé également en 1892 qui appartient au distillateur George Gooderham (propriétaire du manoir), est d'un style plus contenu, en gothique français.

# LES LUMIÈRES DE LA RUE

(Gauche) Les lumières de la rue, tableau achevé en 1894 par Frederic Marlett Bell-Smith, illustre l'intersection des rues Yonge et King, comme le montre une précédente photo de l'époque (ci-dessous). L'œuvre de M. Bell-Smith est fort amusante.

Le policier sur le trottoir est nul autre que Bill Redford, l'agent habituellement en service à cette intersection. Bell-Smith s'est peint achetant un journal, et son fils, qui porte moustache, se découvre la tête.

# LA CONSTRUCTION DE QUEEN'S PARK

Quand ils furent complétés en 1892, les imposants édifices de style roman, qui abritent encore aujourd'hui l'Assemblée législative de l'Ontario, étaient bien plus que le siège des affaires gouvernementales : ils étaient le symbole de l'Ontario prospère et sa fierté.

La décision de construire de nouveaux édifices législatifs avait été prise en 1880 quand il était apparu évident que le vieux building de la rue Front n'était plus à la hauteur de sa tâche – le toit coulait tant que le député de Northumberland assistait aux séances de l'Assemblée bien à l'abri sous son parapluie... En avril de la même année, on organisa un concours international qui recueillit plus d'une douzaine de plans. Malheureusement, comme le gouvernement n'accordait que 500 000 $ aux travaux, on ne put exécuter la soumission gagnante et le projet fut mis en veilleuse en attendant des fonds plus appropriés. Lorsque le budget fut haussé à 750 000 $, en 1885, on fit appel à R. A. Waite, un architecte britannique habitant Buffalo, afin qu'il choisisse entre les deux premiers plans retenus. Waite annonça péremptoirement qu'aucun des deux ne faisait l'affaire et, comme le rapporte le *Canadian Architect and Builder* de 1890, qu'il était « le seul architecte sur le continent capable de réaliser un travail d'une telle envergure ».

En 1890, les coûts de construction des plans de Waite s'élevaient à plus d'un million de dollars, hausse qui fit l'objet d'un blâme envers les libéraux sous Oliver Mowat mais qui n'eut aucune portée politique. Et lorsque les travaux furent enfin terminés à la fin de 1892, même le plus ardent des conservateurs ne pouvait feindre la fierté devant ce symbole de l'Ontario prospère.

*(Gauche) L'aile est de l'édifice de Queen's Park. (Droite) La statue imposante de la reine Victoria siège devant l'Assemblée législative. (Ci-dessous) L'Assemblée législative, en construction.*

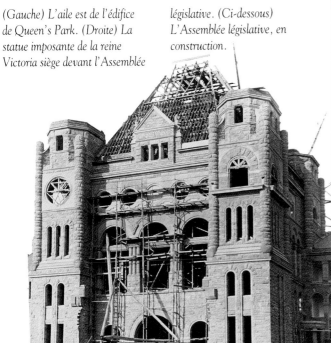

# L'ÉTÉ

L'été au bord de l'eau est déjà une coutume vieille de plus d'un siècle au Canada. Les riches se retrouvent dans un château des Mille Îles (extrême gauche), tandis que les moins fortunés campent dans les îles de Toronto (ci-contre). (Ci-dessous) Frederick Challener saisit l'essence de ces étés d'antan dans A Song at Twilight, toile achevée en 1893.

F. S. CHALLENER 1893

# LA CAPITALE DU PROTESTANTISME

Dans les années 1890, Toronto était la ville la plus protestante au monde, une espèce de Téhéran calviniste sous la surveillance de mollahs en robe noire attachés aux diverses confessions protestantes locales, dont les adeptes formaient jusqu'à quatre-vingts pour cent de la population.

Bien que chaque confession eût sa particularité – on percevait les anglicans comme des riches, les presbytériens comme des gens perspicaces, et les méthodistes comme des pauvres, mais pieux personnages –, il existait un sujet qui enflammait le cœur de tout chrétien. À l'exception peut-être de certaines églises anglicanes que leur tendance romanisante rendait à tout le moins suspectes, toutes les églises tenaient à ce que perdure ce monument de la rectitude torontoise : le jour du Seigneur.

Dire qu'il n'y avait rien à faire à Toronto le dimanche est euphémique. Tous les théâtres étaient fermés, et les sports – y compris le moindre chamaillage – étaient catégoriquement défendus. De fait, l'engourdissement gagnait la ville dès le samedi soir et on fermait les bars à dix-neuf heures, vraisemblablement pour donner le temps aux buveurs de dégriser avant la messe dominicale. En janvier 1892, les défenseurs du jour saint gagneraient une nouvelle victoire : lors d'une consultation populaire, les citoyens de Toronto la pure renversaient une motion visant à permettre l'opération des voitures attelées le dimanche.

Les partisans de la voiture du dimanche avaient pourtant fait valoir les avantages qu'en retirerait l'humble travailleur durant sa journée de congé : rien de tel qu'une petite ballade à la campagne pour prendre un bon bol d'air frais et faire le plein d'énergie. Leurs adversaires, surnommés « les saints », rétorquèrent que le dimanche en voiture n'était que la pointe de l'iceberg. « D'abord la voiture du dimanche », fit le révérend T. A. Rodwell, de la *Agnes Street Methodist Church*, « puis le journal du dimanche », et puis d'autres outrages encore qui mèneraient Dieu sait où, « jusqu'à l'orgue de Barbarie et le stand de cacahuètes du dimanche ! »

Devant une telle menace, les électeurs avaient emprunté la seule voie valable pour les bons protestants qu'ils étaient – les bons protestants *torontois* qu'ils étaient...

Même si l'on savait que les métho-distes étaient généralement pauvres et pieux, comme la famille, en prière, du tableau de George Reid (ci-dessous), la Metropolitan Methodist Church de Toronto (gauche), appelée souvent « la cathédrale », accueille des fidèles nantis, dont Hart Massey.

(Droite) Quelles que soient leurs opinions au sujet de la stricte obser-vance du sabbat, les protestants torontois ne sont pas insensibles aux plaisirs sensoriels, comme le prouve l'intérieur de certaines églises. Des anges peints par l'artiste torontois Gustav Hahn, au début des années 1890, figurent dans le St. Paul's Methodist (devenu plus tard le St. Paul's United, puis transformé en édifice à bureaux).

# LA SCOLARISATION ET L'ONTARIO

Grâce aux efforts de pionniers en éducation tels que Egerton Ryerson, l'Ontario au siècle dernier a pu entraîner le Canada dans un grand mouvement de scolarisation. En 1891, le législateur ontarien votait une loi, très novatrice à l'époque, qui rendait la fréquentation scolaire obligatoire jusqu'à l'âge de quatorze ans. Auparavant, tous les enfants jusqu'à l'âge de douze ans étaient tenus de fréquenter l'école quatre mois par année seulement. Avec la nouvelle loi, ils étudieraient une pleine année scolaire, et chaque enfant obtiendrait, en théorie du moins, son diplôme de huitième année. Les parents des absentéistes pourraient en outre se voir pénalisés.

Pour bon nombre d'enfants, cela voulait dire fréquenter une de ces petites écoles de rang d'une seule pièce comme on en voit encore en Ontario et qui servent désormais de chalets ou de boutiques d'antiquaires. Assis deux par deux devant leur pupitre, les écoliers jouxtant le gros poêle étouffaient de chaleur tandis qu'à l'autre bout de la pièce leurs camarades tremblaient de froid. Une même classe regroupait les élèves de la première année jusqu'à la huitième, de sorte qu'on pouvait en voir certains lire à leur pupitre, ou travailler devant le tableau noir, pendant que d'autres récitaient leur leçon.

Mais la principale raison d'être des écoles allait au-delà des préoccupations pédagogiques. Dans les années 1890, on s'en tenait encore au système scolaire traditionnel : l'enthousiasme puéril devait être freiné et le jeune caractère se plier à l'idéologie dominante. Comme le faisait remarquer mademoiselle Eliza Bolton de la *Ottawa Model Normal School* lors d'une allocution prononcée devant la *Ontario Educational Association* en 1892, puisque les chiens et les autres animaux domestiques sont dressés dès leur naissance, ne serait-il pas normal que notre progéniture le soit aussi ? À cette fin, on élabora des manuels conçus pour « développer le patriotisme britannique grâce à la connaisance élargie », dans lesquels chaque sujet était traité selon la morale et le patriotisme de rigueur. Ainsi on enseignait l'épellation à l'aide de formules figées telles que « la bonté est préférable à la richesse ».

Afin que leurs enfants soient élevés de la bonne façon et qu'on leur inculque les valeurs chrétiennes – afin aussi qu'ils fassent des rencontres utiles à leur vie future –, les parents de la classe moyenne envoyaient leurs enfants dans des écoles privées, dont plusieurs étaient nouvellement fondées. Ces écoles, vouées à la formation du caractère, avaient emprunté au modèle britannique le culte du « jeu ». Ainsi, dans une publicité de 1892 du *Ridley College* de Saint Catharines, on pouvait lire deux lignes consacrées aux objectifs pédagogiques de l'école, deux autres sur les principes moraux, puis cinq lignes vantant les installations sportives et l'espace de jeu. Puis la longue liste des obligations des maîtres envers leurs élèves commençait ainsi : « S'intéresser activement aux jeux des garçons »...

(Ci-dessus) Frederic Marlett Bell-Smith a peint, au cours des années 1880, ces écolières de London, en Ontario, qui quittent le Central School de la ville. (Gauche) Membres du club de canoë du Ridley College en 1891. (Extrême gauche) Salle de cours d'une école publique torontoise.

143

# LA POÉTESSE ET LE PEINTRE

Cette année-là vit les débuts d'une jeune artiste canadienne et la fin d'un autre. En effet, le 16 janvier 1892, à Toronto, Pauline Johnson donnait sa première lecture publique de poèmes devant un public enthousiaste. Ainsi débuta une carrière de lectures et de tournées qui devait durer près de dix-huit ans. Plus avant dans l'année, le 3 octobre, Paul Peel mourait à Paris à l'âge de trente et un ans. Les destins opposés de la poétesse et du peintre, nés tout juste à quatre mois d'intervalle et à cent cinquante milles de distance, nous en disent long sur la façon dont le goût et le sentiment populaires peuvent façonner la carrière d'un artiste.

Fille d'un chef Mohawk et d'une mère britannique, Pauline Johnson est née en mars 1861 à Brantford, en Ontario. À douze ans, elle avait déjà lu presque tout Keats, Byron, Shakespeare et Longfellow, et à l'adolescence elle entreprit d'écrire elle-même des poèmes. Sa carrière prit son envol en 1892, lors d'une soirée de littérature canadienne du Club des jeunes libéraux de Toronto, à laquelle participaient en outre Duncan Campbell Scott et William Wilfred Campbell. L'émouvante interprétation qu'elle donna alors de « A Cry from an Indian Wife » la désigna tout de go comme une authentique voix amérindienne. Dans son édition du 27 février 1892, le magazine *Saturday Night* publia ce qui deviendrait le poème le plus célèbre de la poétesse, « *The Song My Paddle Sings* ». Puis au printemps, Johnson effectua sa première tournée de lectures publiques qui devait l'amener dans vingt-cinq villes ontariennes. Dès l'automne, elle ferait désormais ses performances vêtue de son costume traditionnel. Les tournées de lecture de Johnson lui permirent d'aller partout sur le continent et dans le monde entier. En 1909, elle choisit de s'établir à Vancouver et y résida jusqu'à sa mort, en 1913, des suites d'un cancer.

Au moment où la carrière de Johnson montait en flèche, celle de Paul Peel cessa brutalement. Né à London, en Ontario, le peintre canadien avait été l'élève de Thomas Eakins à la *Pennsylvania Academy of Fine Arts* avant d'étudier à la *Royal Academy School* de Londres et à l'École des beaux-arts de Paris. Il acquit une réputation internationale en 1890 grâce à sa toile intitulée « *Après le bain* » – où l'on voit deux bambins tout rose qui se réchauffent devant un feu de foyer au sortir du bain – qui reçut la médaille de bronze au Salon de Paris. Anticipant un triomphe à son retour au pays, Peel organisa une exposition et une vente de ses œuvres à Toronto pour le moins d'octobre de la même année. En dépit des foules qui vinrent admirer son travail, Peel se vit offrir des montants ridiculement bas pour ses tableaux. Se sentant rejeté par ses compatriotes, il retourna à Paris où il continua de peindre jusqu'à ce qu'une hémorragie pulmonaire vienne le terrasser à la fin de septembre 1892. Il mourut quelques jours plus tard.

Malgré l'accueil très différent qu'on leur réserva à l'époque, la poétesse et le peintre connaissent aujourd'hui un regain de popularité. Pauline Johnson, championne de la nature canadienne, connut certes de son vivant une reconnaissance plus immédiate que Paul Peel, qui était quant à lui plus tributaire des modèles européens. Mais aujourd'hui on reconnaît pleinement à tous deux leur apport au développement de l'identité artistique canadienne.

*(Droite) Pauline Johnson. Vêtue ici d'un costume d'époque, elle adopte une robe amérindienne pour ses lectures de poèmes, vers la fin de 1892. (Ci-dessous) Paul Peel à l'œuvre dans son studio de Paris, en 1889.*

(Gauche)
*Le tableau*
Après le bain
*mérite à Paul Peel*
*la troisième place*
*au Salon de Paris*
*de 1890,*
*et demeure*
*son œuvre*
*la plus réputée.*

*Vers 1892, Hart Massey (ci-dessus) se vante que Massey-Harris nourrit le monde (gauche), grâce au matériel produit dans ses trois usines (ci-dessous). (Ci-dessous, à droite) Le siège social des installations de Toronto, recouvert de planches clouées en travers, est le dernier vestige de l'immense complexe qu'occupait jadis la compagnie sur la rue King Ouest.*

# DES FABRICANTS MONDIAUX D'ÉQUIPEMENT AGRICOLE

Elle s'appelait Massey-Harris et avait pignon à Toronto. Aujourd'hui, elle s'appelle Varity, et elle a déménagé ses pénates à Buffalo.

Il y a un siècle, Massey-Harris était une corporation colossale et son propriétaire, Hart Massey, un véritable magnat de l'industrie.

Vers la fin des années 1840, Daniel Massey, alors un fermier prospère de la ville de Cobourg, en Ontario, avait acheté avec son fils Hart Almerrin Massey une fonderie en faillite. Comme la chose l'intéressait beaucoup, et comptant que la hausse des tarifs douaniers sur la machinerie étrangère lui serait bénéfique, Daniel Massey se lança dans la fabrication de machines agricoles. Trente ans plus tard, la compagnie détiendrait une grande part du marché domestique, au grand dam des fermiers canadiens qui auraient aimé pouvoir acheter aux États-Unis de la machinerie moins coûteuse. Après que l'une de ses moissonneuses ait remporté un grand prix à l'Exposition nationale de Paris en 1876, Massey se mit à exporter ses produits partout à travers le monde. En 1879, le siège social fut déménagé à Toronto.

Hart Massey stupéfia le monde des affaires en mai 1891 en fusionnant avec la *A. Harris, Son and Company* de Brantford, son principal compétiteur canadien, et encore en décembre 1891, lorsqu'il absorba un autre compétiteur, la *Patterson-Wisener*. À l'aube de 1892, la nouvelle compagnie compterait mille employés et à peu près autant de représentants des ventes. Et Hart Massey pourrait se vanter d'être le plus grand manufacturier du genre de l'Empire britannique. Une dynastie commerciale qui régnerait pendant près de cent ans venait de voir le jour.

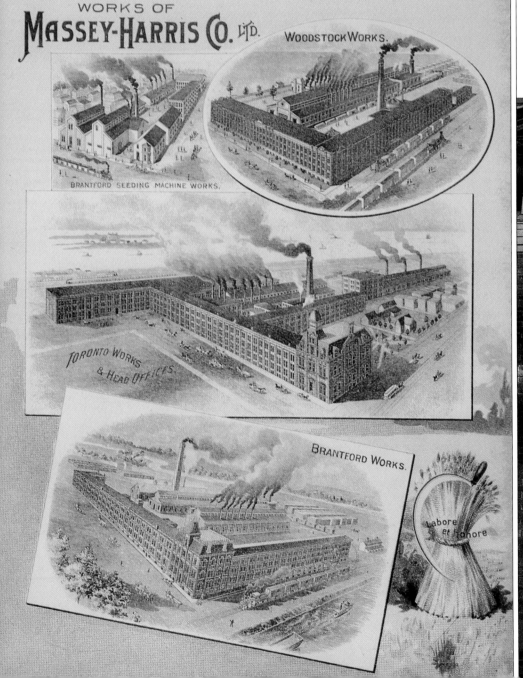

# LE DÉVELOPPEMENT
# DES VILLES DE MARCHÉ

T oronto est indiscutablement le centre urbain le plus important de l'Ontario. Mais vers les années 1890, de nombreuses autres villes se forment et servent de pivots régionaux aux fermes écartées, qui deviennent également des centres manufacturiers.

*(Droite) Le marché Covent Garden, à London, dans les années 1880. Paul Peel l'a peint pendant qu'il habitait dans cette ville. London est le grand marché des communautés du sud-ouest de l'Ontario. (Ci-dessous) Le St George's Square de Guelph, vers 1885. Site du collège provincial d'agriculture, Guelph a en fait été conçue comme une ville agricole dont les rues rayonnent d'une place centrale.*

*(Ci-dessous) Vue du Gore Park d'Hamilton, au cœur de la cité victorienne. Après Toronto, Hamilton devient la plus importante ville industrielle de la province. Sa croissance provient antérieurement de la fabrication de poêles, et vers 1892, la ville devient chef de file de tout produit en fer. Elle n'acquiert que trois ans plus tard ses premiers hauts fourneaux, qui lui permettront de fabriquer de l'acier.*

148

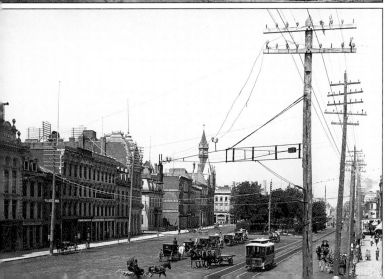

# L'EST DE L'ONTARIO

ue de Kingston, en Ontario, depuis les murailles de Fort Henry. Kingston est à un moment la capitale du Canada-Uni et se réjouit bien après de la notoriété de l'un de ses citoyens, Sir John A. Macdonald. Vers 1892, elle est une ville tranquille. Au milieu de la photo, le *Royal Military College of Canada*, fondé en 1876. La ville abrite également l'université Queen et une batterie d'artillerie de la force militaire permanente restreinte du Canada. La construction ronde, à droite, est une tour Martello, l'une des fortifications bâties afin de repousser une éventuelle invasion, au début du siècle.

Le cortège funèbre de E.P. Comstock passe sur la rue King, à Brockville, en 1892. D'origine américaine, Les Comstock ont ouvert une usine à Brockville où sont fabriquées des spécialités pharmaceutiques telles que ses célèbres Dead Shot Worm Pellets. La ville est ainsi devenue, en quelque sorte, une capitale des produits pharmaceutiques du fait que l'entreprise qui fabriquait les Pink Pills for Pale People du Dr Williams a décidé de s'installer là.

(Gauche) Des éléphants de cirque dans la rue George, à Peterborough en 1889. Grande nouvelle pour la ville, en 1892 : la création de la Canadian General Electric, qui devient la plus importante entreprise de Peterborough et emploie près de 500 personnes. La compagnie fabrique des tramways et des génératrices lourdes.

151

# LE PEUPLEMENT DE L'OUEST
## Les Prairies

# WINNIPEG
## UNE VILLE EN PLEIN ESSOR ÉCONOMIQUE

**E**N 1873, LORSQUE WINNIPEG FUT constituée après s'être détachée de la Colonie de la rivière Rouge fondée par lord Selkirk, ses armoiries représentaient un bison, une locomotive à vapeur et trois gerbes de blé. Composant un magnifique emblème municipal, ces symboles représentaient tout autant le futur que le passé. Car de fait les bisons étaient disparus depuis longtemps des environs de Winnipeg. Il faudrait attendre cinq ans avant de voir arriver le premier train ; et dix ans avant que l'exportation de grains soit importante. Cette attitude, consistant à garder un œil mélancolique sur le passé tout en envisageant l'avenir avec un espoir démesuré, était bien typique de l'endroit, et l'est encore.

À ses débuts, Winnipeg était une ville des plus ordinaires. La plupart des rues n'étaient pas planchéiées et se transformaient, à la saison des pluies, en véritable rivières de boue (« un mélange de mastic et de glu »). On disait aux nouveaux arrivants de lancer une corde si, d'aventure, il leur arrivait de voir un chapeau flotter à la surface de la boue ; car il y aurait sans doute un homme en train de se noyer en dessous. Par ailleurs il y avait tant de saloons et de bordels dans la ville, qu'un journaliste de l'époque la décrivit comme « l'un des deux endroits les plus mal famés du Canada » – l'autre étant la ville de Barrie, en Ontario, un paradis de joyeux bûcherons.

Entre les étés de 1880 et 1883, toutefois, après que le *C.P.R.* eût annoncé qu'une voie ferrée traverserait la ville, Winnipeg connut un boom foncier. Charles Brydges, directeur du Département des Terres de la Compagnie de la baie d'Hudson, rapportait alors que son bureau ressemblait à une foire. « Les gens font la queue au comptoir. La libération des pensionnaires de l'asile Bedlam n'était rien en comparaison de ce qui se passe ici. Je n'ai jamais vu Winnipeg dans un tel état de frénésie. »

Dès 1887, grâce à l'instauration d'une Bourse du blé assurant un marché à la production agricole croissante des Prairies, Winnipeg était devenu le centre incontesté du marché de grains au Canada. Sept banques privées et huit banques à charte se mirent à faire des affaires d'or. Les saloons de la ville – dont l'hôtel Queen, qui se vantait d'avoir le comptoir le plus long de l'Ouest (100 pieds) – furent rapidement aussi achalandés que les banques. Et les bordels plus encore. D'abord confinées à la rue Annabella, les prostituées étendirent leur zone de travail à l'est de la rue principale jusqu'aux rues

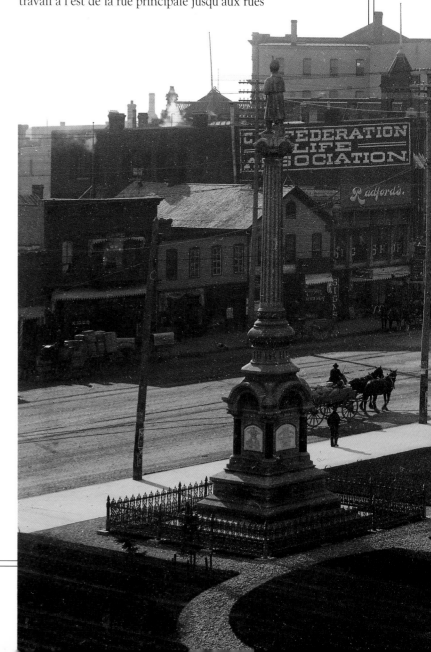

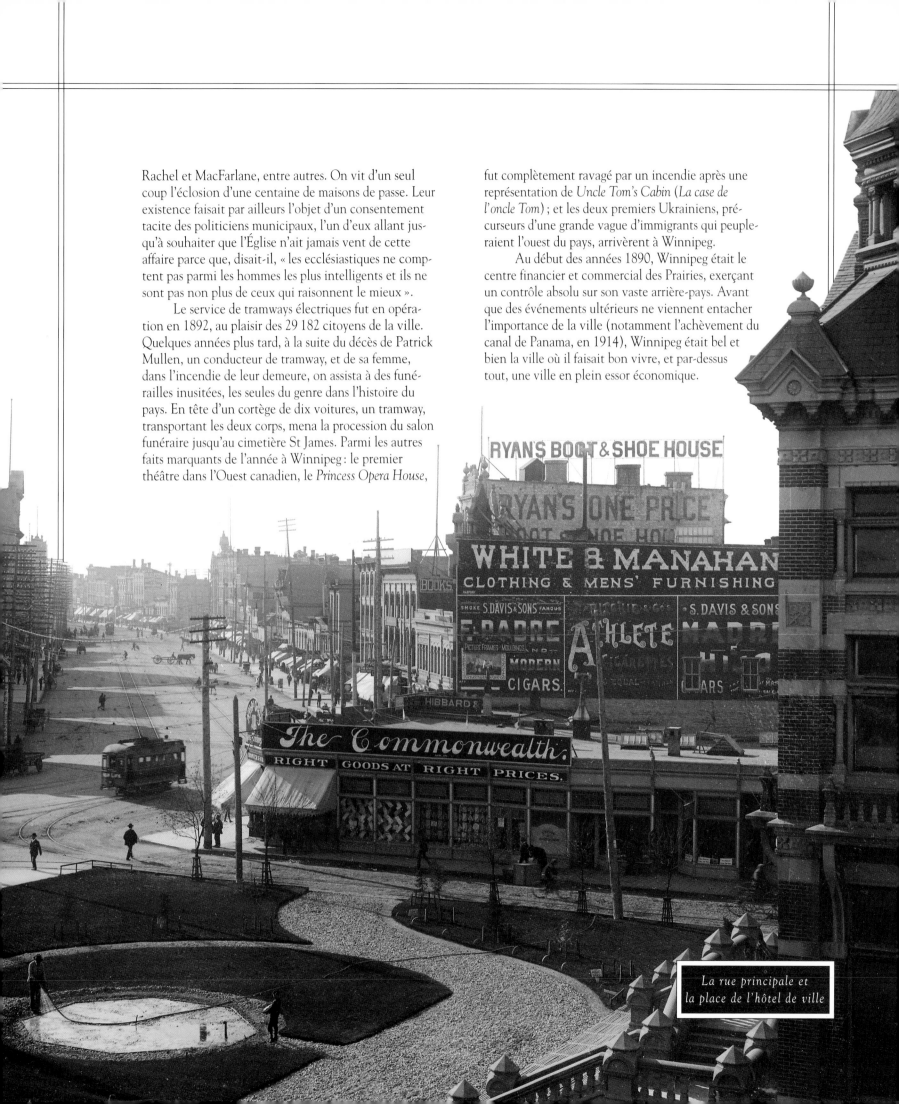

Rachel et MacFarlane, entre autres. On vit d'un seul coup l'éclosion d'une centaine de maisons de passe. Leur existence faisait par ailleurs l'objet d'un consentement tacite des politiciens municipaux, l'un d'eux allant jusqu'à souhaiter que l'Église n'ait jamais vent de cette affaire parce que, disait-il, « les ecclésiastiques ne comptent pas parmi les hommes les plus intelligents et ils ne sont pas non plus de ceux qui raisonnent le mieux ».

Le service de tramways électriques fut en opération en 1892, au plaisir des 29 182 citoyens de la ville. Quelques années plus tard, à la suite du décès de Patrick Mullen, un conducteur de tramway, et de sa femme, dans l'incendie de leur demeure, on assista à des funérailles inusitées, les seules du genre dans l'histoire du pays. En tête d'un cortège de dix voitures, un tramway, transportant les deux corps, mena la procession du salon funéraire jusqu'au cimetière St James. Parmi les autres faits marquants de l'année à Winnipeg : le premier théâtre dans l'Ouest canadien, le *Princess Opera House*,

fut complètement ravagé par un incendie après une représentation de *Uncle Tom's Cabin* (*La case de l'oncle Tom*) ; et les deux premiers Ukrainiens, précurseurs d'une grande vague d'immigrants qui peupleraient l'ouest du pays, arrivèrent à Winnipeg.

Au début des années 1890, Winnipeg était le centre financier et commercial des Prairies, exerçant un contrôle absolu sur son vaste arrière-pays. Avant que des événements ultérieurs ne viennent entacher l'importance de la ville (notamment l'achèvement du canal de Panama, en 1914), Winnipeg était bel et bien la ville où il faisait bon vivre, et par-dessus tout, une ville en plein essor économique.

*La rue principale et*
*la place de l'hôtel de ville*

Au cours des années 1890, Winnipeg n'est plus une colonie rudimentaire. La ville, reine des Prairies, est fière de sa saison mondaine qui comprend les bals (droite), le théâtre amateur (extrême droite) et les rencontres mondaines à l'occasion d'un thé comme ci-dessous, pris à la résidence du lieutenant-gouverneur.

# LA PREMIÈRE FAMILLE DE BLÉ

C'est grâce au blé que se sont développées les Prairies canadiennes. Et si les Prairies ont pu devenir la « corbeille à pain du monde » (« *Breadbasket of the World* »), c'est en grande partie grâce à une famille exceptionnelle.

En 1876, une récolte insuffisante de l'Ontario propulsa le blé des Prairies à l'avant-garde du marché national. Toutefois, seize ans plus tard, les fermiers de l'Ouest étaient confrontés à un grave problème. Ils cultivaient une variété de blé appelée le « *Red Fife* », qui donnait un bon rendement et s'avérait une excellente mouture, mais qui arrivait à maturité très tardivement. Par conséquent, les premières gelées venaient souvent détruire une récolte qui aurait été exceptionnelle.

William Saunders, directeur de la *Canada's Dominion Experimental Farm* releva le défi de mettre au point une variété de blé à maturité plus hâtive. Scientifique amateur, Saunders était fasciné par l'hybridation des plantes.

Saunders avait commencé ses expériences en 1888, à Ottawa. En 1892, il envoya son fils Percy faire de même, dans l'Ouest du pays cette fois. Percy développa plusieurs hybrides dont un croisement de « *Red Fife* » et de « *Hard Red Calcutta* », un blé indien. Beaucoup de travail restait encore à faire, mais William Saunders avait d'autres responsabilités, et le nouvel hybride dépérit.

Enfin, en 1903, Charles Saunders, un autre des cinq fils, reprit le collier. Il s'aperçut que l'une des variétés de blé semées par son frère Percy en 1892, à Agassiz (Colombie-Britannique) semblait avoir les qualités du « *Red Fife* » et pas son principal défaut. En effet, le blé « Marquis », comme l'appela Saunders, mûrissait assez vite pour éviter le premier gel. Et son efficacité était telle qu'il pouvait être cultivé plus au nord dans les Prairies. En 1915, les fermiers canadiens récoltaient jusqu'à 360 millions de boisseaux de blé. Et ce, grâce à William Saunders et à ses fils.

*(Extrême droite) La récolte du blé, à proximité de Portage la Prairie, en 1887. (Droite) Charles Saunders met au point la variété de blé Marquis, en 1903.*

# REGINA

## UNE ANNÉE DIFFICILE

E N TANT QUE CAPITALE DES TERRITOIRES du Nord-Ouest, Regina était à la fin du dix-neuvième siècle une colonie importante de l'Ouest canadien. Elle fut constituée en 1882, là même où le nouveau chemin de fer du *C.P.R.* traversait désormais la baie Wascana, aussi connue sous le nom de « *Pile o' Bones* », car c'est là qu'on avait entreposé les carcasses lors des dernières grandes chasses aux bisons. La ville abritait le siège de la direction continentale des Prairies, les quartiers généraux de la Gendarmerie royale des Territoires du Nord-Ouest, de même que les bureaux responsables de la justice dans l'Ouest canadien.

Les Territoires du Nord-Ouest avaient été formés en 1870, après que le jeune Canada eût acheté (pour la somme de £ 300 000 et une cession de sept millions d'acres) toutes les terres appartenant à la Compagnie de la baie d'Hudson.

Winnipeg fut extrêmement froissée de ne pas être choisie par Ottawa comme capitale régionale. Dans un article caustique paru dans le *Manitoba Free Press*, on lit : « Regina ne sera jamais autre chose qu'un petit village de campagne. Sis au milieu d'une vaste plaine, sur une terre ingrate, avec à peine assez d'eau dans la baie qu'on appelle « *Pile o' Bones* » pour laver un mouton, l'endroit ferait tout juste une ferme respectable ; on est bien loin de la capitale d'une grande province. L'endroit ne jouit d'aucun avantage naturel

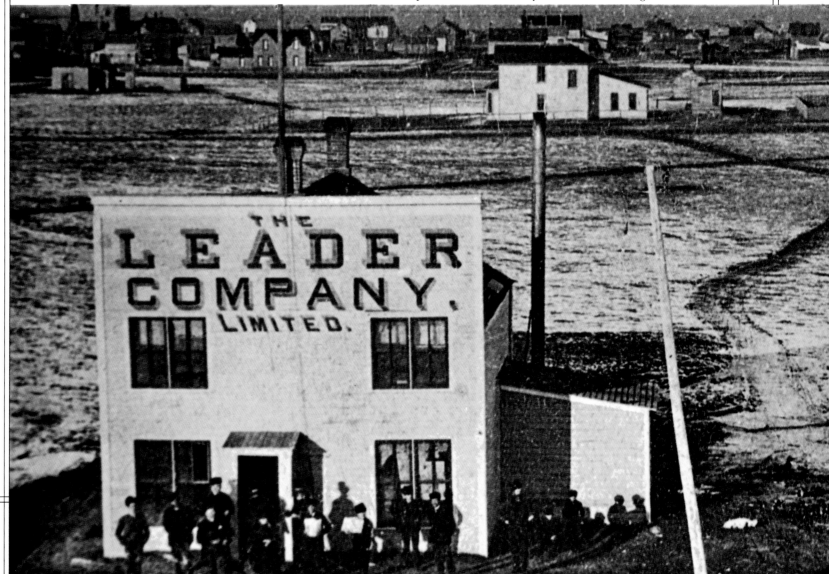

qui permette de le recommander. »

C'est un exemple critique parmi les pires de l'époque. Néanmoins 1892 fut une année véritablement difficile pour les quelque 1 700 citoyens de Regina. Alors qu'on misait sur une liaison ferroviaire avec la ville de Minneapolis, le projet de construction fut abandonné. Pendant l'été, les fosses d'aisance de la ville, parce qu'elles étaient dépourvues de canalisations sanitaires, furent la source d'une épidémie de typhoïde. Enfin une sécheresse (la première d'une longue série à venir dans les années 1890) frappa durement les producteurs de blé de la région, et leur récolte s'avéra deux fois moins importante que celle de l'année précédente.

La seule bonne chose qui sembla arriver à Regina en cours d'année fut l'instauration de son propre corps policier. Jusque-là, la force constabulaire avait été du ressort du détachement de la Gendarmerie royale des Territoires du Nord-Ouest. Mais en juillet 1892, James Williams fut nommé le premier agent de police.

Williams était sans doute l'homme le plus occupé de l'Ouest. Sur les ordres du conseil municipal, il était responsable « des permis des commerçants de passage en ville, des permis d'opération de tables de billard, du contrôle des chiens et de leurs plaques d'enregistrement, du dégagement de la voie publique, de la surveillance des bars, des mesures assurant la santé publique, et, de façon générale, du maintien de la loi et de l'ordre – sans oublier la charge de sonner la cloche de la ville quatre fois par jour ». Pour l'accomplissement de toutes ces tâches ( et de « toute autre relevant du devoir de l'agent de police »), Williams recevait la glorieuse somme de 50 dollars par mois et un uniforme gratuit. Bonne pâte, et sans doute trop occupé pour protester, il se plaignit néanmoins que son « uniforme devenait légèrement inconfortable lorsqu'il était mouillé »...

Il faudra attendre le tournant du siècle avant que le sort de Regina et de sa population ne s'améliore, faisant désormais de la ville le centre politique, commercial et financier prospère de la Saskatchewan.

*Vue vers le nord de Regina, en 1887*

Regina, capitale des Territoires du Nord-Ouest, est également le quartier général de la Gendarmerie royale des Territoires du Nord-Ouest, que l'on voit en manœuvres (droite). Les forces sont aussi très fières de leur fanfare à cheval (ci-dessous).

La police montée joue un rôle important dans la rébellion de 1885. Elle garde même (gauche) le tribunal où est jugé Louis Riel. Au début des années 1890, toutefois, l'Ouest se pacifie et la population se demande si les forces ont un quelconque avenir.

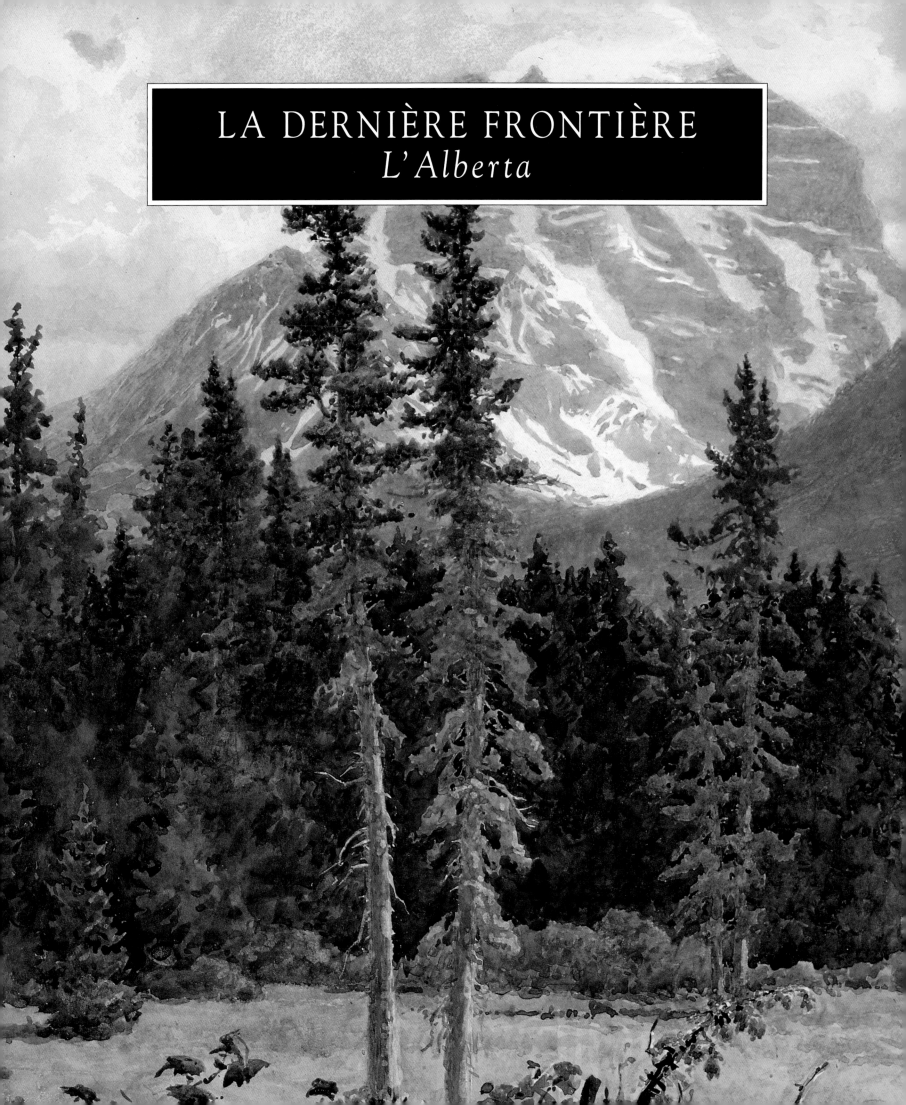

# LA DERNIÈRE FRONTIÈRE
## *L'Alberta*

# CALGARY
## FIN DES GRANDS PÂTURAGES NON CLÔTURÉS

E N 1872, JOHN ET DAVID MCDOUGALL avaient amené la première centaine de têtes de bétail dans la Bow Valley. Trois ans plus tard, la police montée des Territoires du Nord-Ouest érigeait le fort Calgary, à l'endroit même où se dresse aujourd'hui la ville. Mais Calgary mettrait encore quelque temps avant de se développer véritablement. En 1881, la population atteignait tout juste soixante-quinze âmes. Deux ans plus tard, quand le *C.P.R.* eut construit une voie ferrée qui traversait le sud des Prairies jusqu'à Kicking Horse Pass, plaçant carrément Calgary sur la ligne de chemin de fer principale, les choses changèrent drastiquement.

Avec l'avènement du chemin de fer, la population de Calgary se mit à croître rapidement, dépassant le millier d'habitants, et la ville fut désormais intégrée à l'économie canadienne. « On m'a apporté deux morceaux à réparer », rapportait avec contentement George Murdoch, un sellier débordé de travail. « Et j'ai demandé un prix de fou, calculant que le dollar ne vaut certainement pas plus de vingt-cinq sous par ici. » Le secteur aujourd'hui délimité par les Septième et Neuvième avenues fut le premier à être développé. La plupart des bâtiments d'importance à y être construits le furent avec du grès de couleur grise, une ressource locale ; ce qui explique pourquoi Calgary est parfois appelée la « ville du grès » (« *Sandstone City* »). Dans ce secteur, la plus imposante construction était sans contredit le Royal Hotel. Bien que les chambres y étaient séparées non par des murs mais par des couvertures de coton pendant du plafond, la maison se vantait d'être la plus belle hostellerie à l'ouest de Winnipeg. L'électricité y fut installée en 1892, et dans chaque chambre un avis renseignait les occupants, encore effrayés par cette nouvelle lumière : « Veuillez ne pas essayer d'allumer l'ampoule électrique avec une allumette. Il vous suffit de tourner la clé sur le mur près de la porte. L'éclairage à l'électricité n'est pas dommageable à la santé. »

Calgary devint en 1892 le foyer d'une importante industrie d'élevage de bœufs, qui s'était étendue à travers le sud albertain durant la précédente décennie. En 1881, un décret de sir John A. Macdonald avait autorisé Ottawa, avide de peupler une région dont la terre sèche ne favorisait pas l'agriculture, à concéder par bail de vingt et un ans des terres allant jusqu'à 100 000 acres, au taux annuel de un cent l'acre. Le sénateur Matthew Henry Cochrane, qui avait élaboré la politique avec Macdonald, fut le premier à se porter acquéreur d'un pâturage et le troupeau de race shorthorn qu'il y éleva acquit bientôt une renommée internationale. De toute évidence, Cochrane avait su flairer la bonne affaire. Alors qu'aux États-Unis, quiconque était libre de posséder et d'utiliser son pâturage (c'était la loi du premier arrivé, premier servi), les baux canadiens stipulaient que seul le locataire pouvait occuper son terrain. Au début des années 1890, trois millions d'âcres, parcourus par un million de têtes de bétail, étaient ainsi exploités sous contrôle étroit. L'initiative canadienne aurait permis le développement, déjà amorcé par la présence du *C.P.R.* et de la Compagnie de la baie d'Hudson, du territoire frontalier au nord du 49e parallèle. Les querelles, épreuves et règlements de compte, si typiques du Far-West, iraient désormais en diminuant.

Les cow-boys canadiens avaient une certaine distinction quasi victorienne. Un écrivain de l'époque disait à cet effet : « Calgary est une ville de l'ouest, c'est vrai... mais elle est peuplée de Canadiens de souche et de Britanniques, religieux et respectueux des lois. Le cow-boy grossier et fêtard comme on en voit au Texas et dans l'Oregon n'a pas sa contrepartie ici. Nous avons bien deux ou trois gringalets imberbes, aux éperons clinquants et à la démarche nonchalante, mais le véritable cow-boy albertain est un gentleman. » À l'exception du moins d'un certain Douker, un fameux tireur d'élite, qui pouvait galoper en se tenant debout sur deux chevaux à la fois. Les murs de sa garçonnière, à Pine Creek, étaient criblés des trous qu'il faisait à chaque soir en éteignant la flamme de sa chandelle au revolver...

Noble autant qu'elle fût, Calgary demeurait une ville frontière, un refuge pour les étrangers et les excentriques qui avaient du mal à se caser ailleurs. Catherine Fulham, une Irlandaise expatriée mieux connue sous le nom de « La mère Fulham », était du nombre de ces personnages parmi les moins sympathiques. À chaque jour, dans sa charrette tirée par un cheval maigrichon, elle faisait la tournée des pubs de la ville, ramassant les restants de table afin de nourrir ses cochons. Débraillée, grassouillette, grossière, la mère Fulham ne fut jamais arrêtée pour vagabondage parce que les autorités policières craignaient qu'elle fasse encore plus de grabuge en prison qu'en restant à l'extérieur. Un jour, alors que le docteur H. G. Mackid, un gentil médecin de la ville, eut noté que la mère Fulham boitait, il l'entraîna à la pharmacie Templeton où il se mit en devoir d'examiner sa cheville. Voyant sa jambe crasseuse, il s'exclama : « Mon Dieu, je parie un dollar qu'il n'existe pas de jambe aussi sale que celle-là ! » Sur ce, la mère Fulham baissa le bas couvrant son autre jambe, et tendit la main pour collecter la mise.

En octobre 1892, le gouvernement fédéral annonça que tous les baux ruraux viendraient à échéance le 31 décembre 1896 (les locataires auraient néanmoins l'occasion d'acheter 10 000 acres à un bon prix). Les pressions étaient fortes pour peupler la région de nouveaux arrivants. La location d'énormes pâturages à quelques exploiteurs de ranchs avait temporairement nuit aux vrais fermiers qui étaient désormais tournés en dérision. Dès 1895, les énormes compagnies de bétail aux alentours de Calgary cédèrent donc la place à des propriétés privées, des fermes, des ranchs tenus par des familles. Le temps des grands pâturages non clôturés était révolu. Mais afin qu'il ne tombe pas complètement dans l'oubli, quatre vétérans des beaux jours, Pat Burns, Archibald McLean, George Lane et Alfred Ernest Cross, s'uniraient en 1912 pour financer le premier « *Calgary Stampede* », une chevauchée à la gloire de l'ouest canadien.

*Calgary*
*vue de la rivière Bow*

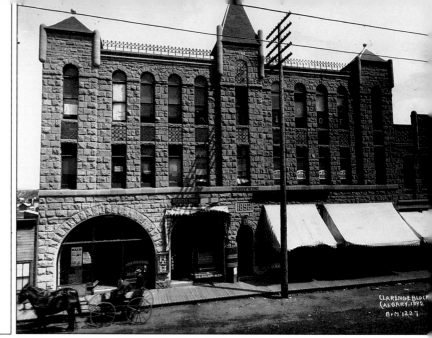

Vers 1892, de nouveaux édifices de pierre grise à Calgary, lui vaudront le surnom de Sandstone City. Le Clarence Block (droite) est achevé la même année, et Stephen Avenue, maintenant 8th Avenue (ci-dessous), s'enorgueillit de maints édifices. Seuls les trottoirs en bois et l'horizon dégagé à perte de vue maintiennent l'atmosphère d'une ville frontière. (Extrême droite) Par suite d'un incendie désastreux en 1886, Calgary se dote d'une brigade de sapeurs-pompiers qui font ici une démonstration de leur véhicule.

# LES VICTIMES DU PROGRÈS

I ly a un siècle, les premiers habitants des Prairies en étaient déjà réduits à mener une cruelle existence dans les réserves qu'Ottawa leur avait assignées. Pourtant, bon nombre de gens pouvaient encore se rappeler du temps où les Indiens de l'Ouest avaient été les maîtres des plaines.

C'est dans l'édition 1892 du *Statistical Yearbook of Canada* que l'on retrouve le mieux résumée l'attitude officielle à l'égard des Amérindiens : « L'objectif de la politique gouvernementale est de persuader le plus possible les Indiens d'abandonner leur vie nomade et de rester dans les réserves... Seuls ceux qui ont eu des contacts personnels avec eux savent à quel point les Indiens sont ignorants, superstitieux et paresseux, tous défauts qui devront être surmontés avant que l'on puisse amener ces gens à manifester de l'intérêt et de la persévérance pour les plus simples des activités agricoles. »

Le rêve bureaucratique par excellence était de convertir les Amérindiens de l'Ouest en de gentils fermiers chrétiens. À cette fin, on interdit la poursuite d'anciennes coutumes, telles que la danse rituelle du solstice. Et les enfants amérindiens furent envoyés dans des écoles techniques où on entreprit de les « civiliser ». Dans ces écoles, une discipline rigoureuse régnait : on battait les garçons et on coupait les nattes des filles s'ils avaient le malheur de parler leur langue maternelle entre eux.

Pour les inciter à devenir agriculteurs, le département des Affaires indiennes coupa en partie les vivres aux Amérindiens, particulièrement ceux de la région albertaine assujettie au Traité 7 (le pays des

*(Droite) Un camp d'Indiens Blackfoot dans les Prairies. (Ci-dessous) Une femme membre de la tribu des Sarcee, une autre tribu indienne des Prairies.*

(Ci-dessus) La danse du soleil, un rite sacré de quatre jours a été interdit par les Affaires indiennes. La cérémonie, habituelle-ment secrète, est photographiée par Hanson Boorne, en 1886. (Gauche) Un jeune Indien Blackfoot et son cheval.

Blackfoot, des *Blood*, des *Peigan*, des *Stony*, et des *Sarcee*). Mais l'hiver 1892 fut particulièrement rude et l'été n'apporta qu'une mince récolte. Les années sub-séquentes ne furent guère plus productives et plusieurs Amérindiens durent quitter leur réserve, réduits à mendier de la nourriture ou à abattre du bétail, ce qui décupla la malveillance des colons blancs.

D'autres coups durs étaient à venir. Après 1892, le gouvernement remplaça les anciens agents des Affaires indiennes – qui, malgré tous leurs défauts, avaient souvent montré une certaine sensibilité au mode de vie amérindien – par des bureaucrates bornés pour qui les Amérindiens n'étaient guère plus que des enfants hypocrites. Un d'entre eux réprima même la police montée pour avoir entendu « les plaintes sans fondement d'Indiens indignes de confiance » après qu'un groupe d'éminents chefs frères de sang leur eût confié que le peuple tuait le bétail parce qu'il ne pou-vait pas survivre avec les seules rations du gouver-nement.

Même si les Amérindiens des plaines ne furent pas exterminés, les épreuves qu'ils subirent dans les années 1890 portèrent à leur culture un dur coup, dont ils se remettent seulement maintenant.

173

# LES RANCHERS
# DE LA REINE

À l'époque glorieuse de l'Ouest canadien, l'Alberta était le foyer d'une véritable culture cowboy avec ses pâturages à perte de vue et ses ouvriers de ranch qui vivaient pratiquement sur leur selle. Mais c'était un Far West qui n'avait rien de dur.

La vie des ranchers albertains ressemblait fort à celle de leurs vis-à-vis du sud. Deux fois l'an, on rassemblait les vastes troupeaux pour les amener paître. Au printemps, on en profitait alors pour abattre les animaux trop faibles et marquer les veaux au fer rouge. Tandis qu'à l'automne, on choisissait en outre le bétail qui serait envoyé au marché. Rassembler le bétail était un travail extrêmement dur qui pouvait durer jusqu'à six semaines, et les patrons et les ouvriers de ranch restaient souvent en selle de l'aube jusqu'à la pénombre.

Ce qui distinguait les ranchers canadiens des états-uniens, c'était leur mode de vie en dehors des grands pâturages. La *Macleod Gazette* du 17 novembre 1892 en donne un aperçu : « Mardi passé, jour de l'Action de grâces, les membres du *Macleod Hunt Club* ont profité de l'occasion pour participer en grand nombre aux festivités. »

La plupart des premiers ranchers de la région, et certaines des compagnies propriétaires des ranchs, étaient Anglais. Toutefois les hommes qui travaillaient sur les ranchs venaient en majorité des États-Unis et c'est donc à eux que l'on doit d'avoir ici leurs traditions cow-boy parmi les plus classiques, tel que le rodéo. Quant aux ranchers britanniques, ce sont eux qui donnaient le ton aux activités sociales, et leur monde tenait davantage de Jane Austen que de Zane Grey. Les gentlemen-ranchers chassaient le coyote et la grouse, et menaient autant que possible la vie qu'ils avaient vécue en Angleterre. De fait, le sud albertain fut l'hôte de la première partie de polo en sol nord-américain, en 1886, dans la petite communauté de ranchers de Pincher Creek.

Le bon genre des gentlemen-ranchers de l'Alberta devait survivre au-delà de la fin des grands pâturages ouverts, au moins jusqu'au début de la Première guerre, créant du coup une classe bien canadienne d'éleveurs de bétail.

*Rassemblement autour du Circle Ranch, à Lethbridge, en Alberta, en 1890. Les cantines ambulantes photographiées ici préparaient des repas copieux pendant le rassemblement.*

175

(Droite) Cow-boys marquant le bétail dans un ranch près de Calgary. (Extrême droite) Bachelor's Hall abrite les ouvriers de ranch célibataires. (Ci-dessous) Un grand nombre de maisons rustiques sont de véritables cabanes en rondins comme ici, près de Calgary.

# LE MARIAGE DE JOHN WARE

De tous les cow-boys venus des États-Unis entre les années 1880 et 1890, John Ware était sans contredit le plus pittoresque. Né esclave en Caroline du Sud, Ware avait pris la route du Texas après la Guerre civile, et avait travaillé dans les rassemblements de bétail à travers tout l'ouest des États-Unis. Arrivé au Canada en 1882, il fit rapidement parler de lui. On racontait qu'aucun étalon ne pouvait l'éjecter de selle, et qu'il était si fort qu'un jour, pour aider un maréchal-ferrant à faire son travail, il retourna le cheval sur le dos et le maintint à terre.

Au pays du bétail, ce genre de talent rapportait gros ; et vers la fin des années 1880, Ware acquit son propre ranch. Mais le cow-boy vivait un plus grand moment encore, le 29 février 1892, jour de ses noces avec Mildred Lewis. En épousant cette Ontarienne, fille d'une famille de ranchers, Ware s'assurait d'avoir une chère moitié avec qui partager tous ses succès...

# LES « ALPES CANADIENNES »

**W**illiam Van Horne pensait que le Canadien Pacifique ne devait pas servir exclusivement au fret et au transport d'immigrants. Afin d'attirer le genre de riches touristes qui commencent à affluer vers les Alpes, en vacances, Horne demande ainsi à l'architecte américain Bruce Price de lui construire un hôtel dans le style d'un chalet suisse. Le résultat donne l'hôtel Banff Springs, dont l'ouverture remonte à 1888 et qui attire encore des clients du monde entier, un siècle plus tard.

(Ci-dessus) Canoës sur la rivière Bow. Van Horne choisit d'ériger son hôtel au confluent de celle-ci et de la rivière Spray, dans le parc national de Banff, nouvellement créé. (Ci-dessous) L'entrée de l'hôtel Banff Springs, à l'origine, vers 1890. Faite de pin rouge verni, son apparence impressionnante rustique convient au cadre accidenté proche de l'hôtel. (Gauche) L'hôtel Banff Springs n'est pas le seul en ville. Les visiteurs soucieux de leur budget peuvent essayer l'hôtel Grand View, une combinaison d'hôtel et de bains thermiques.

Aujourd'hui, niché dans les Rocheuses, l'hôtel Banff Springs (gauche)
répond au souhait de Van Horne
d'établir une destination touristique
dans les « Alpes canadiennes ».
Avec le temps, d'autres ailes et des
rajouts ont été construits et, en
1928, un hôtel complètement neuf
a remplacé l'ancien. Lorsque Van
Horne voit pour la première fois

l'hôtel Banff Springs (ci-dessous),
en été 1887, il s'aperçoit avec
consternation que les principales
vérandas ne donnent qu'une vue
de la montagne Sulphur, à proximité. Les vérandas photographiées
ici dominent la vallée de la rivière
Bow et ont été ajoutées
ultérieurement.

(Droite) La diligence qui se fraye un chemin dans la rue principale de Banff pendant l'heure de pointe, un après-midi, nous rappelle ce qu'était Banff (ci-dessous). Dans l'ouest du Canada, il reste très peu de bâtiments d'il y a un siècle, mais le paysage montagneux est immuable.

# EDMONTON
## UNE ANNÉE DE PREMIÈRES

**B**IEN QU'UN POSTE DE TRAITE DE LA Compagnie de la baie d'Hudson y fût établi depuis 1795, Edmonton est demeurée une minuscule colonie pour la plus grande partie du dix-neuvième siècle. « Cet endroit n'a rien d'une ville », se lamentait un résident de l'époque. « Il y a le fort de la Compagnie de la baie d'Hudson, puis, en autant qu'on ait un télé-scope pour voir jusque dans la vallée, il y a là-bas un hôtel. Enfin, un jour sans brouillard, vous verriez peut-être la chapelle méthodiste et son presbytère, quelques maisons disséminées dans le paysage, l'église All Saints, et quelques tentes indiennes. C'est ça, Edmonton. »

Edmonton avait eu un rôle d'importance dans le réseau de transport continental – alors qu'on trans-portait les marchandises à bord de bateaux et de charrettes à travers les régions sauvages – mais l'avè-nement du chemin de fer à Calgary en 1883 jeta un voile sur ces succès. La ville ne commencerait pas à prospérer avant 1896, moment où elle deviendrait le principal poste d'approvisionnement et une station sur la route de la ruée vers l'or. Dès 1892 cependant, Edmonton comptait suffisamment d'âmes – environ 700 personnes – pour obtenir le statut de ville. Le premier maire de cette nouvelle ville, qui s'étendait alors sur plus de 2 160 acres, fut Matt McCauley ; et les premières réunions du conseil de ville se tinrent dans une pièce au-dessus de la boucherie de son gendre.

1892 fut donc l'année des premières. Edmonton recruta sa première brigade de pompiers « volontaires » (qui, en réalité, étaient payés trente sous l'heure). Un premier groupe d'importance, en provenance de l'est du pays (298 colons de Parry Sound, en Ontario), vint s'établir, suivi d'autres vagues d'arrivants qui forcèrent en mai 1892 l'ouverture du premier bureau d'immigration. Puis une nouvelle source de prospérité se mit à poindre. Depuis un certain temps déjà, on exploitait les mines de charbon à l'intérieur des limites de la ville ; mais à l'été de 1892, le *Edmonton Bulletin* rapporta l'existence d'« une source très particulière au nord de Saint-Albert... Que le goudron soit ou non l'indice d'un champ pétrolifère rentable, il ne fait aucun doute que cette découverte est extraordinaire. »

En ce temps-là, le meilleur hôtel de la ville était le Strathcona et il était tenu par un couple originaire de Liverpool. Les Sharple, qui étaient tous deux de bons buveurs, passaient leur temps à se chamailler, à s'accabler d'invectives, et à se lancer divers objets par la tête. Chaque soirée dans leur établissement atteignait son point culminant lorsque monsieur Sharple s'installait à son piano pour jouer cet épique morceau de music-hall, « *Daddy Wouldn't Buy Me a Bow-Wow* ». Après chaque verre, Sharple ajoutait un autre « wow » à sa chanson, si bien qu'à minuit, il se lamentait d'un « bow-wow-wow-wow-wow-wow-wow-wow » qui n'en finissait plus.

En 1890, les débuts de construction d'un chemin de fer en provenance de Calgary devaient modifier définitivement l'existence de la petite ville frontière. À mesure qu'avançaient les travaux, il était devenu évident que la *Calgary & Edmonton Railway*

L'avenue Jasper,
à Edmonton, en 1890

*Company* n'avait pas l'intention d'ériger une voie surplombant la rivière Saskatchewan jusqu'aux portes d'Edmonton. On allait plutôt construire une gare sur la rive opposée. Ainsi naquit South Edmonton (qu'on appellerait plus tard Strathcona). Les deux communautés devinrent rapidement des bandes rivales. Surtout quand on suggéra de déménager sur la rive sud le bureau d'immigration, récemment inauguré, de même que les autres édifices gouvernementaux établis dans la ville d'origine.

En mai 1892, Thomas Anderson, l'agent local du *Dominion Land and Crown Timber* devait écrire à Ottawa pour demander qu'on déménage effectivement le bureau d'immigration : « Afin qu'une fois installés dans les baraquements, faisait-il valoir, les immigrants n'aient qu'à frapper à la porte à côté pour s'enregistrer plutôt que d'avoir à traverser 3 milles sur la rivière à bord d'un chaland. »

Anderson reçut le feu vert et fixa la date du déménagement au 20 juin. Mais ce jour-là, après que le bureau d'immigration fut chargé à bord d'une énorme charrette, des citoyens en colère bloquèrent le passage d'Anderson, puis dételèrent ses chevaux et enlevèrent les écrous des roues de la charrette. Pas même l'arrivée du détachement local de la police montée (constitué de deux policiers et un chien) ne parvint à mater les manifestants. Le maire McCauley convoqua donc une séance d'urgence du conseil municipal où il fut décidé de rétablir le « *Home Guard* » (groupe de volontaires pour la défense du territoire qui avait été formé pour protéger Edmonton durant le soulèvement métis dirigé par Riel).

Afin de faire respecter ses ordres, le gouvernement fédéral décida quant à lui de dépêcher une troupe de policiers, sous les ordres du major Griesbach. Le maire McCauley alla à leur rencontre et les joignit aux limites de la ville. « Major, dit-il à Griesbach, nous sommes tous les deux des hommes jeunes et la vie est douce. Mais si vous entrez dans Edmonton, il y aura une effusion de sang, et les premiers à mourir risquent fort d'être vous et moi. »

Laconique, mais efficace, comme le sont souvent les discours politiques, la formule de McCauley atteint son but. Les bureaux du gouvernement restèrent à Edmonton. Plus encore, avec l'arrivée massive de nouveaux immigrants, ces bureaux seraient au centre de la croissance remarquable de l'avenue Jasper, la rue principale, et de la ville elle-même.

(Ci-dessous) Le premier train de passagers arrive à South Edmonton, en août 1891. Avant la nouvelle ligne entre Calgary et Edmonton, seule la diligence (droite) permet de voyager entre les deux villes. L'aller simple coûte vingt-cinq dollars et prend cinq jours.

(Gauche) Matt McCauley s'installe à Edmonton en 1881. Père de huit enfants, il contribue à fonder la première école d'Edmonton et est élu, à l'unanimité, maire lorsque la ville est établie, en 1892. (Ci-dessous) Donald Ross, un autre colon de la première heure, ouvre la première mine de charbon d'Edmonton et fournit à ses concitoyens le combustible en provenance de la mine située dans la ville.

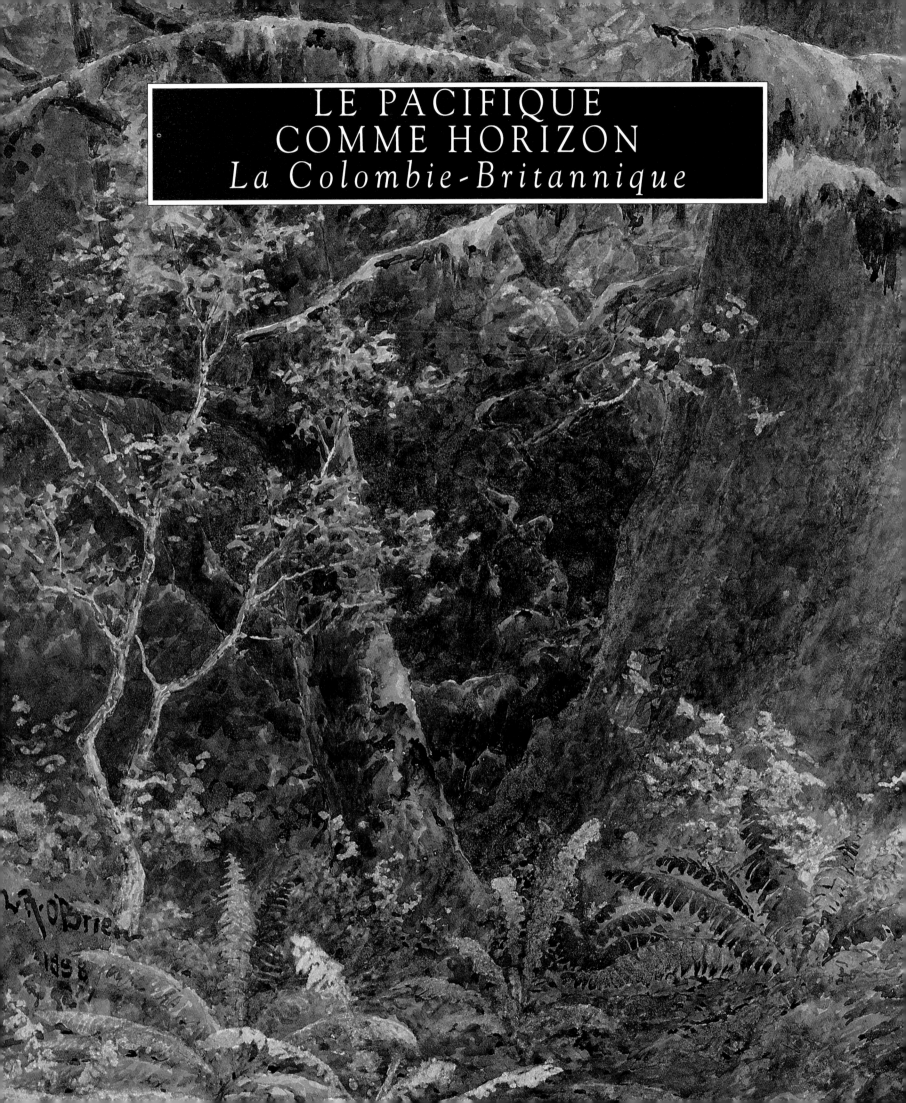

# LE PACIFIQUE COMME HORIZON
## La Colombie-Britannique

# VANCOUVER
## UN BRILLANT AVENIR

**L**ORSQUE LA COLOMBIE-BRITANNIQUE accepta, à contrecœur, d'entrer dans la Confédération, en 1871, c'était à la condition expresse que le gouvernement fédéral s'engage à construire un chemin de fer reliant la province aux métropoles importantes de l'est du pays. Le terminus de la ligne du *C.P.R.* fut établi à Port Moody, une toute petite colonie en amont de l'anse Burrard. Et le 4 juillet 1886, après un trajet de 2 907 milles, le premier train transcontinental arriva en gare (avec 1 minute de retard) en provenance de Montréal. Enfin, d'un océan à l'autre, le Canada était véritablement uni. Vingt-trois jours plus tard, le trois-mâts *W. B. Flint* doubla l'anse Burrard avec, à son bord, 1 240 753 livres de thé : c'était le premier de sept navires affrétés pour transporter des marchandises de l'Orient. Désormais, les expéditions de thé, d'épices et de soie ne prenaient plus que quarante-sept jours pour effectuer la traversée Yokohama-Montréal. La route de l'Amérique du nord était enfin franchie, qui permettait désormais d'atteindre l'Orient, loin au sud des canaux de l'Arctique – lesquels avaient réclamé tant de vie déjà, au nom d'un illusoire raccourci par le nord-ouest.

Très tôt, cependant, il devint clair que la situation géographique de Port Moody et ses installations n'étaient pas à la hauteur de son nouveau rôle. Le *C.P.R.* décida alors de prolonger sa ligne jusqu'à Coal Harbour, onze milles plus loin, où un petit village grouillant émergeait lentement. Cette colonie forestière du nom de Granville avait été fondée par des désœuvrés, pour la plupart, des adeptes de la dive bouteille, et des étrangers au crochet de leurs parents, petits-fils et arrière-petits-fils de riches Britanniques qu'on avait fait émigrer vers les colonies. Parmi eux, John Deighton tenait un hôtel qui comptait une seule chambre... et un très grand bar. Sacré personnage, il parlait tellement lorsqu'il servait les clients qu'on le baptisa « Gassy Jack » (« Le bavard ») et le voisinage de son hôtel « Gastown ».

Granville fut rebaptisée Vancouver et incorporée en 1886, et le premier train transcontinental entra dans la nouvelle gare le 23 mai 1887. Le *C.P.R.* y avait bâti un ensemble élaboré de quais et d'installations ferroviaires. La compagnie était de plus responsable de la construction d'un hôtel assez important (il avait coûté 100 000 dollars) au coin des rues Georgia et Granville, et d'une maison d'opéra, la *Imperial Opera House*, où se produisit la grande Sarah Bernhardt, alors la coqueluche de Paris et de Londres. En quelque sorte, Vancouver devait son existence au *C.P.R.* La compagnie possédait en outre de luxueux paquebots, à la coque d'un blanc étincelant, et régulièrement ils quittaient le port à destination de l'Orient, des passagers et des marchandises à leur bord. « Notre ville, se vantait un habitant de Vancouver, est un œillet dans l'une des plus merveilleuses ceintures qui entourent la terre. »

Peu importe son rôle à grande échelle, Vancouver demeurait une ville frontière des plus typiques en ce qu'on y abusait d'alcool. En 1892, une commission royale d'enquête sur le commerce des boissons alcooliques rapporta d'ailleurs qu'on trouvait dans la petite ville cinquante-cinq débits de boisson ordinaires, huit saloons de luxe, et sept grossistes en liqueurs. Vancouver comptait en outre plusieurs fumeries d'opium. Légaux à l'époque, ces établissements firent même l'objet d'une visite du gouverneur général, lord Aberdeen, alors en tournée officielle.

En juillet 1892, dans une tentative pour contrôler l'industrie de la prostitution, elle-même en pleine croissance, le conseil de ville de Vancouver passait un règlement défendant aux prostituées de circuler dans des voitures à ciel ouvert, ou de s'asseoir derrière une fenêtre ouverte, de flâner près des clôtures, des cours et des trottoirs, et de fumer en public. Au moins deux fois l'an, on arrêtait les filles de joie pour les traduire en justice où une amende leur était réclamée pour leurs activités nocturnes. Profitant de l'atmosphère carnavalesque qui régnait lors des procès, ces dames se paraient de leurs plus beaux atours et recrutaient de nouveaux clients dans la foule massée sur leur passage.

Malgré ces côtés frustres (d'aucuns diraient « grâce à eux »), Vancouver en 1892 était un endroit où il faisait bon vivre. La rue principale, la Granville, n'était toujours pas plus large qu'une charrette, mais les 15 000 citoyens de la ville jouissaient d'un emplacement idyllique, d'un bon climat, et, avec l'inauguration récente du Stanley Park, d'un des plus beaux espaces verts au Canada.

Vancouver connaissait aussi un boom économique. Charles Woodward venait tout juste d'ouvrir un magasin de nouveautés. B. T. Rogers avait ouvert déjà une raffinerie de sucre. Et les grèves dans les mines de plomb et de zinc de North Star et Kimberley avaient en quelque sorte encouragé l'émergence d'une nouvelle activité commerciale, présidée cette fois par les magnats du bois d'œuvre. Les forêts vierges étaient peuplées de sapins Douglas de deux cent pieds de hauteur, et pour les abattre les bûcherons mirent au point une méthode spéciale empruntée au jeu de quilles (« The nine-pin method ») : il

suffisait de couper d'abord quelques petits arbres, mais en partie seulement, puis d'abattre un arbre géant qui viendrait décimer les autres d'un seul coup.

En 1892, Vancouver possédait son système de tramways, vingt milles de rues nivelées, trois ponts enjambant la False Creek, cinq banques, un nouveau palais de justice au Victory Square, et une chambre de commerce très active. Mais le progrès n'était pas bienvenu par tous. Alors qu'on discutait des mérites de l'électrification à l'hôtel de ville, un conseiller municipal s'objecta. Pointant du doigt la lampe de seize bougies qu'on avait amenée pour la démonstration, il déclara : « Cette chose qu'on appelle une lampe de seize bougies, monsieur le Maire, j'appellerais plutôt ça une escroquerie. » Puis il sortit une chandelle de sa poche, frotta une allumette contre son pantalon et alluma la mèche. « La lampe ne surpasse en rien cette chandelle », conclut-il.

Heureusement pour les citoyens de Vancouver, d'alors et d'aujourd'hui, la motion du conseiller fut rejetée. Et Vancouver pouvait s'attendre à un brillant avenir.

Vancouver vue du port

192

(Droite) La disposition angulaire
des rues dans Gastown, la partie
la plus ancienne de Vancouver,
favorise la construction de bâtiments en coin dans le style
« fer à repasser ». C'est le cas de
Holland Block photographié
pendant sa construction, en1891,
et (ci-dessous) aujourd'hui.

(Gauche)  Derrière le Holland
Block se trouvait le Horne Block qui
est encore (ci-dessous) une curiosité
du Gastown de Vancouver, même
après avoir perdu la tour
impressionnante qui couronnait ce
coin.

(Gauche) Vancouver est encore une ville proche de l'état sauvage, en 1892. L'équipage endimanché, à gauche, comprend le maire David Oppenheimer et ses amis, en excursion sur le bac qui démarre au bas de la rue Carrall. Cette photographie est prise à seulement quelques milles de New Westminster où William McFarlane Notman a, juste cinq ans auparavant, saisi un instantané de ces Indiens dans leur canoë (ci-dessus).

Des vestiges de l'industrie du bois qui a d'abord attiré les gens ici sont éparpillés dans la nouvelle ville. Ces belles baigneuses (droite) posent sur une énorme souche rejetée sur la plage Kitsilano. (Extrême droite) James-Horne (debout près de la table) installe une agence immobilière dans un arbre, construit le Horne Block et, vers 1892, était le plus important propriétaire unique de Vancouver. (Ci-dessous) En mai 1887, l'hôtel Sunnyside a été décoré afin de marquer l'anniversaire de la reine Victoria et l'ouverture de la ligne de chemin de fer vers l'est.

(Ci-dessous) Le Byrnes (qui deviendra le Herman) Block est construit en 1887 à un endroit où « Gassy » Jack Deighton, fondateur du Gastown, avait son deuxième saloon. Le Byrne Block, l'un des premiers édifices en briques rouges, à Vancouver, abrite l'hôtel Alhambra qui a la particularité d'être l'un des rares hôtels à Vancouver où le séjour coûte plus d'un dollar la nuit.

À mesure que la ville se développe au détriment des forêts, les fondateurs de Vancouver ont la prévoyance de garder une réserve militaire au centre de la nouvelle ville pour ce qui est devenu le parc Stanley. Ouvert en octobre 1889 par lord Stanley, le parc représente une oasis de quiétude pour les citadins (gauche), au milieu de l'expansion explosive. (Droite) La statue de lord Stanley, dans le parc, aujourd'hui.

# VICTORIA
## UNE VILLE TRÈS MODERNE

**À** L'ORIGINE UN POSTE DE COMMERCE
des fourrures de la Compagnie de la
baie d'Hudson, Victoria fut incorporée en 1862 (vingt-quatre ans avant
Vancouver). Six ans plus tard, la décision de faire de
la ville la capitale de la Colombie-Britannique devait
lui assurer un rôle de centre administratif ; rôle que
des vagues successives de bureaucrates se chargeraient
d'accroître et de perpétuer.

En 1892, Victoria comptait une population de
16 000 habitants et on s'apprêtait à y construire, au
coût de 1 million de dollars, les nouveaux édifices
législatifs de la Colombie-Britannique. Francis
Mawson Rattenbury, un jeune architecte anglais de
vingt-cinq ans fraîchement arrivé en ville, fut nommé le grand maître d'œuvre. Il mettrait cinq ans à
parachever le travail. Outre que l'édifice principal ne
comptait aucune salle de toilette, le résultat fut
magistral.

D'après les normes de l'époque, Victoria était
une ville très moderne. Le service téléphonique y
était installé depuis 1878 et, en 1892, on comptait
près de cinq cents abonnés. Le journal *The Colonist* se
vantait d'ailleurs de ce qu'on trouve à Victoria, « la
ville du téléphone », plus d'usagers du téléphone per
capita que n'importe où ailleurs en Amérique du
nord. En 1890, les premiers tramways électriques
avaient fait jaillir leurs étincelles dans les rues de

Victoria alors que seules Windsor et Saint Catherines pouvaient s'enorgueillir d'un tel service. Toutefois les deux lignes de tramways qui sillonnaient la ville avaient un sérieux problème. Il semble que personne n'avait remarqué, au moment de l'achat, que l'empattement des roues des voitures était trop étroit pour les rails qu'on leur destinait. Ainsi les belles voitures, avec leur intérieur fini en frêne et en cerisier, et leurs installations en cuivre poli, déraillaient lamentablement de tous leur seize pieds...

Pendant la dernière décennie du dix-neuvième siècle, plusieurs familles anglaises de bonne réputation, attirées par le doux climat de la ville, ses paysages incomparables et son charme rappelant les vieux pays, étaient venues s'installer à Victoria. Signe des temps à venir, la ville devint aussi le lieu de prédilection d'officiers de l'armée, amiraux, anciens intendants en chef de la Compagnie de la baie d'Hudson, et anciens administrateurs de colonies, qui décidèrent d'y vivre leur retraite. Leur présence donna par ailleurs à la ville la réputation d'être plus britannique que les Britanniques eux-mêmes : l'heure du thé y était désormais l'événement de la journée, et le cricket le sport de l'heure. La réputation était peut-être surfaite ; reste que d'être Britannique à Victoria en 1892, ça voulait dire quelque chose.

Pressés d'offrir aux riches nouveaux arrivants des demeures comparables à celles qu'ils avaient laissées derrière eux, Francis Rattenbury et Samuel McLure, un architecte de la région celui-là, s'attelèrent à la tâche. Leur plus belle réussite fut le *Craigdarroch*, un étonnant château construit pour le magnat du charbonnage Robert Dunsmuir. Le *Craigdarroch* comptait trente-cinq foyers, un imposant escalier importé de Chicago et sculpté à la main, et une salle de séjour de près de soixante pieds de longueur.

Comme partout ailleurs dans l'ouest canadien, il y avait à Victoria d'énormes tensions entre les Blancs et la communauté chinoise. On permettait aux Chinois d'occuper seulement les postes dont ne voulaient pas les Blancs, et tout travail public ou job de construction leur étaient absolument défendus.

Les premiers habitants de Victoria concevaient mal que leurs rivaux sur le continent – un établissement d'arrivistes – puissent parvenir à quoi que ce soit. Après tout, Victoria était le siège tout naturel de la culture, de l'argent, et de la mode sur la côte du Pacifique. Mais en 1892, il devint clair que Victoria avait perdu la bataille au profit de Vancouver. La chambre de commerce lutta de toutes ses forces pour que la flotte de bateaux destinés à la chasse aux phoques demeure dans le port, mais rien n'y fit. Bientôt il n'y aurait plus que les bateaux chargés de conserves de la *Boscowitz Steamship Company* à franchir les eaux du port. L'avenir économique appartenait désormais à Vancouver. Bien que leur ville soit reléguée à une activité économique de moindre importance, les citoyens de Victoria pouvaient néanmoins tirer gloire d'habiter la plus belle et plus charmante ville du Canada.

*Victoria vue des anciens édifices du gouvernement*

(Ci-dessus) Le Willows Fairground, *ouvert en 1891, accueille des courses de chevaux et l'exposition annuelle de Victoria. Grâce au système de tramways de Victoria, qui n'a pas son pareil, le Willows Fairground a été créé afin de tirer* parti des nouvelles lignes qui rayonnent hors de la ville. (Ci-dessous) *Malgré toutes les innovations et améliorations radicales, Victoria conserve toujours des endroits tranquilles où, par exemple, une voiture peut s'arrêter dans une large clairière.*

La Compagnie de la baie d'Hudson a fait venir dans le Nouveau Monde, pour la surveillance des mines de charbon de l'entreprise situées à Nanaimo, Robert Dunsmuir, un mineur écossais. Mais celui-ci se met vite à son compte et fait fortune. Quand vient le temps d'ériger un monument approprié à son succès, il achète le tertre le plus élevé à Victoria et y fait bâtir Craigdarroch, appelé également le château de Craigdarroch (gauche). Construit dans un style qui n'aurait pas détonné dans le Mille carré doré de Montréal, Craigdarroch représente la toute dernière nouveauté de luxe pendant la belle époque. Malheureusement, Dunsmuir décède en 1889 avant l'achèvement des travaux (ci-dessous).

Le caractère anglais, le faux Tudor et les goûters dînatoires, voilà les caractéristiques de Victoria couramment retenues. L'une des influences architecturales les plus fortes se retrouve dans les constructions en bois, fantaisistes, de la côte ouest américaine. Ce style prend naissance à Victoria (ci-dessus) et survit pendant bien des années de notre siècle. Roslyn (ci-contre et ci-dessus, à gauche) en représente, depuis sa construction en 1890, l'un des plus beaux exemples. (Ci-dessous) La rue Pandora, au coeur du quartier chinois, n'aurait pas détonné à San Francisco.

# À LA RECHERCHE DE LA MONTAGNE D'OR

Pour les Chinois du siècle dernier, l'Amérique du Nord était perçue comme une « montagne d'or », un endroit regorgeant de grandes richesses. Mais ce qu'ils y trouvèrent était rarement or...

L'immigration orientale avait réellement débuté en 1858, avec la ruée vers l'or de la *Fraser River*, alors que des mineurs chinois en provenance de la Chine comme de la Californie, en route vers les terrains aurifères de Caribou, avaient envahi Victoria, y établissant dès lors le premier quartier chinois du Canada. Cette première vague d'immigration serait suivie d'une autre, beaucoup plus importante, qui amena 15 000 Chinois au Canada en 1880, pour travailler à l'emploi du *C.P.R.*

Lorsque les travaux de construction du *C.P.R.* furent terminés, plusieurs Chinois se trouvèrent emprisonnés, loin de leur pays natal, dans de grouillants quartiers chinois. Comme peu d'emplois étaient disponibles (la plupart des municipalités de l'ouest défendaient aux Orientaux d'occuper un emploi dans la fonction publique), les Chinois acceptaient n'importe quel travail, souvent à un salaire bien en deçà de ce qu'un Blanc aurait reçu. C'est ainsi qu'ils furent régulièrement engagés comme briseurs de grève ; ce qui amena les jeunes syndicats ouvriers canadiens à demander la fin de l'immigration orientale.

Mais le mouvement travailliste ne fut pas seul à s'opposer à l'immigration chinoise. On avait admis les Chinois au Canada parce qu'ils constituaient une main d'œuvre nécessaire. Après l'achèvement du chemin de fer, en 1886, le gouvernement fédéral imposa une taxe de dix dollars par tête à la plupart des Chinois en attente de leur statut d'immigrant. En outre, les enfants chinois devaient fréquenter leurs propres écoles, et de même les employés des pêcheries, le long de la côte de la Colombie-Britannique, devaient loger dans des baraquements séparés. L'hostilité envers les Chinois fut à la source d'émeutes dans plusieurs villes de l'ouest. Ainsi, au début du mois d'août 1892, la police montée de Calgary dut intervenir pour empêcher une foule de Blancs de s'en prendre aux Chinois de la ville après qu'on eut découvert un nouvel arrivant, victime de la petite vérole, en convalescence dans une buanderie.

Ils avaient participé à la construction du chemin de fer reliant tout le Canada. Mais il faudrait longtemps encore avant que les Chinois cessent d'être considérés comme des étrangers dans leur nouveau pays.

*(Gauche) Les Chinois sont arrivés au Canada avec le chemin de fer. Une fois les travaux achevés, ces gens ont accepté tout travail, par exemple, dans des conserveries (ci-dessous) ou comme domestiques (droite).*

(Ci-dessous) Hanson Boorne (gauche), au travail à Mission, en Colombie-Britannique, en 1892. À droite, un autre photographe de la première heure, C.W. Mathers. (Droite) William Notman (assis à droite) entouré de ses fils, William McFarlane, George et Charles, en 1890. Même si William Notman décède en 1891, ses trois fils lui succèdent dans les affaires et prennent un grand nombre de photos pour lesquelles le studio est réputé.

# SAISIR UNE ÉPOQUE

Grâce à l'initiative de William Notman, Hanson Boorne, Ernest May, et d'autres comme eux, nous avons bien davantage que des documents relatant notre passé ; nous en avons des images, une preuve concrète de la vie à l'époque de nos arrière-grands-parents.

Le père de William Notman fondait de grands espoirs sur son fils lorsqu'il l'enjoignit de quitter l'Écosse pour le nouveau continent, en 1856, afin de travailler dans le commerce de l'épicier. Mais la farine et le sel eurent tôt fait d'ennuyer le jeune Écossais de trente ans qui décida d'ouvrir un studio de photographe à Montréal, rue Bleury, pour mieux arrondir ses fins de mois durant les longs hivers canadiens. Le succès fut immédiat, et la grande qualité du travail de Notman en fit le photographe préféré de toutes les classes sociales. Au sommet de sa gloire, l'empire Notman comprendrait quatorze studios répartis à travers l'est du Canada et les États-Unis.

Les photographies de paysages et de vues panoramiques étant très en demande au dix-neuvième siècle, Notman envoyait des photographes en tournée à travers le pays, dont son fils aîné William McFarlane Notman. Ainsi ils purent fixer sur pellicule la construction du *C.P.R.*, la naissance des villes des Prairies,

la vie des Indiens des plaines et de la côte ouest, et les villages de pêcheurs dans l'est. Ces tournées commencèrent dans les années 1870 et se poursuivirent, après le décès de Notman en 1891, jusqu'au vingtième siècle.

Hanson Boorne et Ernest May étaient des cousins originaires d'Angleterre et qui, comme Notman, avaient transformé leur passe-temps en profession. Établis à Calgary en 1886, ils parcouraient également le pays à la manière des photographes de Notman, mais se spécialisaient dans les portraits d'Indiens et les scènes de la vie quotidienne dans les villes frontières de l'ouest. Déterminés à immortaliser les cérémonies indiennes, Boorne s'aventura courageusement (d'aucuns diraient « naïvement ») jusque dans les plaines et y installa son appareil. « Je me suis avancé, et la première partie de mon projet se déroula sans incident », expliqua-t-il ensuite. La seconde partie fut moins heureuse alors que les Indiens lancèrent une couverture sur l'objectif et braquèrent leurs fusils sur Boorne. « Ils ne pouvaient pas comprendre comment je pouvais prendre une photo d'eux sans leur enlever une partie d'eux. L'appareil allait raccourcir leur vie, ils en étaient sûrs... » Et pourtant, Boorne finirait par les convaincre qu'il n'en était rien, et en 1886, il prit les premières photos de la danse rituelle du solstice, cérémonie sacrée.

Que ces photographes aient réussi à transporter par monts et par vaux leur encombrant appareil et les plaques photographiques, si fragiles et lourdes à l'époque, témoigne de leur détermination à immortaliser un vaste pays en pleine évolution.

211

# ÉPILOGUE

ES RAPPROCHEMENTS ENTRE 1892 et 1992 s'imposent d'eux-mêmes.

Il y a cent ans, comme nous aujourd'hui, les Canadiens espéraient ardemment que le siècle à venir serait le leur.

À l'époque, ce rêve paraissait réalisable. Pareil à un adolescent, encore à l'abri des échecs, des craintes et des inquiétudes de l'âge adulte, le pays se sentait alors comme un invincible géant. En même temps, la réalité chantait un autre air. Les écarts entre les riches et les pauvres, une économie difficile, l'hostilité latente entre francophones et anglophones, entre protestants et catholiques, les relations tendues entre le fédéral et les provinces, étaient autant de menaces à l'unité du pays. À l'aube de son élection comme premier ministre du Canada, Wilfrid Laurier tenait un discours comme on en entend sans cesse aujourd'hui : « Nous en sommes à un moment dans l'histoire de notre jeune pays où la dissolution semble inévitable. Combien de temps la structure peut-elle tenir ? Sommes-nous sûrs qu'elle tient encore ? Toutes ces questions ne suscitent hélas que de sombres réponses. »

Nous n'avons pas changé. Nous sommes toujours une fédération chancelante, regroupant une incroyable diversité de régions, lesquelles ont facilement tendance à se sentir exclues du monde civilisé. Le pays est pratiquement impossible à gouverner : trop grand pour se fermer sur lui-même, il est néanmoins trop petit pour exercer une influence économique et politique importante.

Un siècle entier après les événements que raconte et représente ce livre, le Canada reste « une terre promise ». La densité de la population n'est que de sept personnes au mille carré (comparativement à 915 en Hollande et 65 aux États-Unis) et moins de huit pour cent du territoire est entièrement peuplé. Plus des trois quarts de nos 26 millions d'habitants sont cantonnés sur une étroite lisière le long de la frontière bordant le nord des États-Unis. Sur les 125 villes du pays, 102 d'entre elles sont à 200 milles ou moins de la frontière américaine.

Et même si la majorité d'entre nous ne s'aventure désormais pas plus loin vers le nord qu'où se trouvent nos résidences d'été, les Canadiens sont marqués par l'appel de la nature. W. L. Morton, notre plus grand historien, le souligne : « La vie au Canada a toujours été empreinte d'une qualité nordique qui remonte à nos origines.

La séparation entre la ville frontière et la ferme, la région sauvage et la terre habitée, l'arrière-pays et la métropole, est une composante dans l'esprit de tout Canadien. »

Notre géographie et notre climat étant ce qu'ils sont, l'humeur collective et les préoccupations individuelles sont fonctions des bouleversements saisonniers bien davantage que des manigances de nos politiciens et de nos économistes.

OTRE FORCE INCONTESTABLE, NOUS la devons au fait que la plupart des Canadiens sont attachés à leur pays. Et s'ils ne le claironnent pas, c'est qu'ils préfèrent vivre leur passion chacun pour soi.

Parmi nous aujourd'hui, comme ce l'était en 1892, on sent poindre une volonté commune de rester Canadien : même à l'article de la mort, le jeu en vaudra toujours la chandelle. En dépit de tous ceux qui tentent d'amoindrir le Canada (« Il faut que le Canada continue d'exister, plaisante le comique Dave Broadfoot, autrement les Chinois pourraient naviguer au travers et envahir le Danemark. »), la feuille d'érable reste gravée au plus profond de nous.

Le cri d'allégeance du défunt Will Ready, poète Gallois et directeur de la bibliothèque de l'université MacMaster, s'inspire d'une semblable émotion : « Le pays de Galles, dit-il, résonne dans ma tête comme le ferait sous l'eau une cloche dans son clocher. Je viens du pays de Galles, et tout ce que je dis, et tout ce que je rêve, dépendent de cette réalité. »

Quand on parle de ce pays d'immigrants qu'est le Canada, quand on se rappelle qu'il fut la colonie d'un premier empire, avant d'être sous la dépendance d'un autre – osant à peine se réclamer d'une appartenance entre les deux –, il est essentiel de montrer l'histoire telle qu'elle a été, et non telle qu'elle aurait pu être. Alors que notre avenir est incertain, il est primordial de regarder le passé, et d'en tirer une leçon.

D'une certaine façon, le Canada n'a guère changé depuis un siècle. Ce qui nous préoccupait alors nous préoccupe encore aujourd'hui. Et si nous avons survécu d'antan à la menace que posaient ces problèmes, nous y survivrons encore. C'est ce que nous nous devons d'espérer.

*(Droite)
Une vue immuable.
Le lac Louise,
vu de l'hôtel de
même nom, qui
appartient au CP,
attire des visiteurs
depuis plus
d'un siècle.*

# REMERCIEMENTS DE L'AUTEUR

Cet ouvrage est le résultat d'un travail d'équipe comme nul autre auquel j'ai participé. Hugh Brewster, directeur de l'édition chez Madison Press, a coordonné le travail de l'équipe. Sa perception de la qualité et son archarnement à l'atteindre confère à l'ouvrage un réalisme magique qui en constitue le cachet. Le chargé de projet, Ian R. Coutts, était à la recherche incessante du mot juste, de la meilleure photo au bon endroit et au bon moment. Irshad Manji qui a fait la majeure partie de la recherche a un talent formidable et un instinct archéologique sans pareil pour découvrir les faits évasifs. Je salue mon viel ami Martin Lynch qui a lu le manuscrit de son regard perçant .

Trouver les photos qui agrémentent *Canada 1892* implique la collaboration de galeries d'art, de musées, et ce, d'un océan à l'autre. Toutes les personnes contactées ont offert leur collaboration la plus totale et Madison les en remercie. Les efforts fournis par certains d'entre eux méritent une mention spéciale :

Nora Hague et Heather McNabb des archives photographiques Notman du Musée McCord d'histoire canadienne, pour leur aide, leurs conseils et leurs efforts incessants pour nous fournir les photos requises et ce, même au beau milieu du déménagement de ces archives ;

Brock Silversides et son assistante, Marlena Wyman, du *Provincial Archives of Alberta* qui ont déterré quantité d'excellentes photos de Boorne, May et autres pionniers de l'Ouest, trouvées dans les archives de la collection Ernest Brown ;

Terresa Macintosh des Archives nationales du Canada qui a déniché de nombreux éléments pour *Canada 1892*, incluant les magnifiques cartons publicitaires de la page 20. Aussi des Archives nationales du Canada, Kathy Gallagher-Fiebig du secteur cartographique et architectural, pour avoir trouvé la carte du Canada à la page 44 ;

Susan Campbell du Musée des beaux-arts du Canada qui a fait de grands efforts afin de s'assurer que deux des toiles de leur collection *A Song at Twilight* de Frederic Challener et La cigarette de Edmond Dyonnet soient photographiées à temps pour la parution du livre.

Maia-Mari Stunik du Musée des beaux-arts de l'Ontario mérite les mêmes remerciements pour avoir permis à Madison de reproduire *La percée des Rocheuses : un col de la route canadienne* de Lucius O'Brien et d'avoir organisé la séance de photo, au musée, de l'œuvre *Dans le Golfe – Pêche hauturière* du même artiste ;

Francine Geraci, pour son travail afin de trouver de nombreuses photos et peintures d'époque qui servent à illustrer *Canada 1892*.

Finalement des remerciements spéciaux vont à Rolph Huband, de la Compagnie de la baie d'Hudson, qui a permis à Madison d'obtenir une photo de l'œuvre de F. M. Bell-Smith, *Les lumières de la rue* qui illustre la couverture du présent ouvrage.

Merci aussi à Martin Dowding qui a déterré les histoires sur Honoré Mercier et Pauline Johnson.

# BIBLIOGRAPHIE

## GÉNÉRALE

Bacchi, Carol Lee. *Liberation Deferred? The Ideas of the English-Canadian Suffragists, 1877-1918.* Toronto: University of Toronto Press, 1983.

Bagnell, Kenneth. *The Little Immigrants: The Orphans Who Came to Canada.* Toronto: Macmillan of Canada, 1980.

Bain, Colin M. and R. Vida. *Multiculturalism: Canada's People.* Canadiana Scrapbook, no. 16. Scarborough: Prentice-Hall Canada, 1983.

Bliss, Michael. *A Living Profit: Studies in the Social History of Canadian Businessmen, 1883-1914.* Toronto: McClelland & Stewart, 1974.

Bosc, Marc, ed. *Broadview Book of Canadian Parliamentary Anecdotes.* Peterborough, Ont.: Broadview Press, 1988.

Brown, Graham L., and Douglas H. Fairbairn. *Pioneer Settlement in Canada.* Canadiana Scrapbook, no. 4. Scarborough: Prentice-Hall Canada, 1981.

Callwood, June. *The Naughty Nineties: 1890-1900.* Toronto: Natural Science of Canada, Ltd., 1977.

Canada. *Le parlement du Canada.* Ottawa: Chambre des communes, 1981.

———. *Annuaire statistique du Canada, 1892.* Ottawa: Ministère de l'Agriculture, 1893.

*L'encyclopédie du Canada.* Montréal: Alain Stanké, 1987. 3 vols.

Careless, J.M.S. *The Pioneers: The Picture Story of Canadian Settlement.* Toronto: McClelland & Stewart, 1968.

———, and Robert Brown Craig, eds. *The Canadians: 1867-1967.* Toronto: Macmillan of Canada, 1967.

Cavell, Edward, and Dennis Reid. *When Winter was King: The Image of Winter in 19th Century Canada.* Banff, Alta.: Altitude Publishing, 1988.

*Chronicle of Canada.* Montreal: Chronicle Publications, 1990.

Clift, Dominique. *Le pays insoupçonné: essai.* Montréal: Libre Expression, 1987.

Cochrane, Jean. *The One-Room School in Canada.* Toronto: Fitzhenry & Whiteside, 1981.

Cook, Ramsay, et al, eds. *Imperial Relations in the Age of Laurier.* Canadian Historical Readings, no. 6. Toronto: University of Toronto Press, 1969.

Cross, Michael, and Gregory Kealey, eds. *Canada's Age of Industry 1849-1896.* Toronto: McClelland & Stewart, 1982.

Dicks, Stewart K. *A Nation Launched: Macdonald's Dominion, 1867-1896.* Canadiana Scrapbook, no. 5 Scarborough: Prentice-Hall Canada, 1978.

*Dictionnaire biographique du Canada.* Vol. 12, *1891-1900.* Québec: Presses de l'Université Laval, 1966.

Donzel, Catherine, Alexis Gregory et Marc Walter. *Palaces et grands hôtels d'Amérique du Nord.* Paris: Flammarion, 1989.

Fetherling, Doug. *Broadview Book of Canadian Anecdotes.* Peterborough, Ont.: Broadview Press, 1988.

Francis, Daniel, et al. *Destinies: Canadian History Since Confederation.* Toronto: Holt, Rinehart & Winston of Canada, 1988.

———, and Sonia Riddoch. *Our Canada: A Political and Social History.* Toronto: McClelland & Stewart, 1985.

Francis, R. Douglas, and Donald B. Smith, eds. *Readings in Canadian History: Post-Confederation.* 2d ed. Toronto: Holt, Rinehart & Winston of Canada, 1986.

Frye, Northrop. *The Bush Garden: Essays in the Canadian Imagination.* Toronto: Anansi, 1971.

Hall, Roger, and Gordon Dodds. *Canada: A History in Photographs.* Edmonton: Hurtig Publishers, 1981.

Harper, J. Russell. *La peinture au Canada, des origines à nos jours.* Québec: Presses de l'Université Laval, 1966.

Jeffreys, C.W. *Picture Gallery of Canadian History, 1830-1900.* Toronto: Ryerson Press, 1950.

Kalman, Harold D. *The Railway Hotels and the Development of the Chateau Style in Canada.* Victoria, B.C.: Morriss Printing Company, 1968.

Lamb, W. Kaye. *Canada's Five Centuries: From Discovery to Present Day.* Toronto: McGraw-Hill, 1971.

Macdonald, Gerard. *Once a Week is Ample: The Moderately Sensual Victorian's Guide to the Restraint of the Passions.* London: Hutchison and Co., 1981.

Mavor, James. *Book of the Victorian Era Ball.* Toronto: Rowsell and Hutchison, 1898.

McInnis, Edgar. *Canada: A Political and Social History.* 4th ed. Toronto: Holt, Rinehart & Winston, 1982.

McLeod, Jack, ed. *The Oxford Book of Canadian Political Anecdotes.* Toronto: Oxford University Press, 1988.

McNaught, Kenneth. *The Penguin History of Canada.* Markham, Ont.: Penguin Books Canada, 1988.

Newman, Lena: *The Sir John A. Macdonald Album.* Montreal: Tundra Books, 1974.

Notman, William. *Portrait of a Period: A Collection of Notman Photographs, 1856-1915.* Edited by J. Russell Harper and Stanley Triggs. Montreal: McGill University Press, 1967.

Reid, Dennis. *A Concise History of Canadian Painting.* 2d ed. Toronto: Oxford University Press, Canada, 1988.

———. *Lucius R. O'Brien: vision Canada victorien.* Toronto: Musée des beaux-arts de l'Ontario, 1990.

———. *« Notre patrie le Canada »: mémoires sur les aspirations nationales des principaux paysagistes de Montréal et de Toronto, 1860-1890.* Ottawa: Galerie nationale du Canada 1979.

Schull, Joseph. *Laurier.* Montréal: HMH, 1965.

Smith, Goldwin. *Canada and the Canadian Question.* Toronto: Hunter, Rose, 1891. Reprint. Toronto: University of Toronto Press, 1971.

Stetler, G. and A.F.J. Artibise, eds. *The Canadian City: Essays in Canadian Urban History.* Ottawa: Carleton University Press, 1984, distributed by Oxford University Press.

Stewart, Roderick et Neil McLean. *L'histoire du Canada et des Canadiens.* Montréal: Gage, 1980.

Waite, Peter B. *Arduous Destiny: Canada 1874-1896.* Toronto: McClelland & Stewart, 1971.

Woodcock, George. *The Century that Made Us: Canada 1814-1914.* Toronto: Oxford University Press, 1989.

## MARITIMES

Armour, Charles A., and Thomas Lackey. *Sailing Ships of the Maritimes: An Illustrated History of Shipping and Shipbuilding in the Maritime Provinces of Canada 1750-1925.* Toronto: McGraw-Hill Ryerson, 1975.

Barrett, William Coates. *Historic Halifax in Tales Told Under the Old Town Clock.* Toronto: Ryerson, 1948.

Crowell, Clement W. *Novascotiaman.* Halifax: Nova Scotia Museum, 1979.

Fingard, Judith. *The Dark Side of Life in Victorian Halifax.* Potter's Lake, N.S.: Pottersfield Press, 1989.

———. *Jack in Port: Sailortowns of Eastern Canada.* Toronto: University of Toronto Press, 1982.

Montgomery, Lucy Maud. *The Selected Journals of L.M. Montgomery.* Vol. 1, *1889-1910.* Edited by M. Rubio and E. Waterston. Toronto: Oxford University Press, 1985.

Neary, Peter, and Patrick O'Flaherty. *Part of the Main: An Illustrated History of Newfoundland and Labrador.* St. John's: Breakwater Books, 1983.

O'Neill, Paul. *A Seaport Legacy: The Story of St. John's, Newfoundland.* Vol. 2. Erin Mills, Ont.: Press Porcepic, 1976.

Payzant, Joan M. *Halifax: Cornerstone of Canada.* Burlington, Ont.: Windsor Publications, 1985.

Peck, Mary Biggar. *A Nova Scotia Album: Glimpses of the Way We Were.* Willowdale, Ont.: Hounslow Press, 1989.

Raddle, Thomas H. *Halifax: Warden of the North.* Toronto: McClelland & Stewart, 1948.

Rompkey, Ronald. *Grenfell of Labrador: A Biography.* Toronto: University of Toronto Press, 1991.

Saint John on the March Association. *St John on the March.* St John: Barnes-Hopkins, 1984.

Schuyler, George W. *Saint John: Scenes from a Popular History.* Halifax: Petheric Press, 1984.

Spicer, Stanley T. *Captain from Fundy: The Life and Times of George D. Spicer, Master of Square-rigged Windjammers.* Hantsport, N.S.: Lancelot Press, 1988.

———. *Masters of Sail: The Era of Square-rigged Vessels in the Maritime Provinces.* Toronto: Ryerson Press, 1968.

Wallace, F.W. *Wooden Ships and Iron Men.* London: Hodder & Stoughton, 1924.

215

## QUÉBEC

Dumont, Micheline, et al. *L'histoire des femmes au Québec depuis quatre siècles.* Montréal: Quinze, 1982.

Noppen, Luc, et Gaston Deschenes. *L'hôtel du Parlement, témoin de notre histoire.* Québec: Dir. générale de l'information de l'assemblée nationale, 1986.

Rioux, M., et Y. Martin. *La société canadienne-française: études choisies.* Montréal: Hurtubise HMH, 1971.

Tessier, Yves. *Guide historique de Québec.* Société Historique de Québec, 1987.

Trofimenkoff, Susan Mann. *Vision Nationale.* Saint-Laurent: Éditions du Trécarré, 1986.

Wade, Mason. *Les Canadiens français de 1760 à nos jours.* Montréal: Cercle du Livre de France, 1966.

## MONTRÉAL

Ames, Sir Herbert Brown. *The City Below the Hill: A Sociological Study of a Portion of the City of Montreal.* Reprint. Toronto: University of Toronto Press, 1972.

Cruise, David and Alison Griffiths. *Lords of the Line.* Markham, Ont.: Penguin Books Canada, 1989.

Mackay, Donald. *The Square Mile: Merchant Princes of Montreal.* Vancouver/Toronto: Douglas & McIntyre, 1987.

McConniff John. *Illustrated Montreal: The Metropolis of Canada. Its beautiful scenery, its grand institutions, its present greatness, its future splendor.* 5th ed. Montreal: J. McConniff, 1890.

Nader, G.A. *Cities of Canada.* Vol. 2. Toronto: Macmillan of Canada, 1975.

Remillard, Francois, et Brian Merrett. *L'Architecture de Montréal: guide des styles et des bâtiments.* Montréal: Éditions du Méridien, 1990

Wolfe, Joshua, et Cécile Grenier. *Guide Montréal: un guide architectural et historique.* Montréal: Éditions Libre Expression, 1987.

## OTTAWA

Campbell, Wilfred, Archibald Lampman, and Duncan Campbell Scott. *At the Mermaid Inn: Wilfred Campbell, Archibald Lampman, Duncan Campbell Scott in The Globe 1892-93.* Edited by Barrie Davies. Toronto: University of Toronto Press, 1979.

Gwyn, Sandra. *The Private Capital: Ambition and Love in the Age of Macdonald and Laurier.* Toronto: McClelland & Stewart, 1986.

Taylor, John H. *Ottawa: An Illustrated History.* Toronto: James Lorimer and Co.; [Ottawa] Canadian Museum of Civilization, 1986.

## TORONTO ET L'ONTARIO

Armstrong, Christopher, and H.V. Nelles. *The Revenge of the Methodist Bicycle Company: Sunday Streetcars and Municipal Reform in Toronto, 1888-1897.* Toronto: Peter Martin Associates, 1977.

Armstrong, Frederick H. *The Forest City: An Illustrated History of London, Canada.* Burlington, Ont: Windsor Publications, 1986.

Arthur, Eric. *Toronto: No Mean City.* Toronto: University of Toronto Press, 1964.

Baker, Victoria. *Paul Peel: une retrospective, 1860-1892.* London, Ont.: London Regional Art Gallery, 1986.

Careless, J.M.S. *Toronto to 1918: An Illustrated History.* Toronto: James Lorimer and Co., 1984.

Clark, C.S. *Of Toronto the Good: A Social Study. The Queen City of Canada as it is.* Montreal: Toronto Publishing Company, 1898. Reprint. Toronto: Coles, 1970.

Coulman, Donald E. *Guelph: Take a Look at Us!* Guelph, Ont.: Boston Mills Press/Cheltenham and Ampersand, 1977.

Dendy, William, and William Kilbourn. *Toronto Observed: Its Architecture, Patrons, and History.* Toronto: Oxford University Press, 1986.

Evans, A. Margaret. "The Mowat Era, 1872-1896: Stability and Progress." In *Profiles of a Province: Studies in the History of Ontario.* Toronto: Ontario Historical Society, 1967.

Filey, Michael. *Not a One-Horse Town: 125 Years of Toronto and Its Streetcars.* Willowdale, Ont.: Firefly Books, 1982.

———. *A Toronto Album: Glimpses of the City that Was.* Toronto: University of Toronto Press, 1970.

Fryer, Mary Beacock. *Brockville: An Illustrated History.* Brockville, Ont.: Besancourt Publishers, 1986.

Gillen, Mollie. *The Masseys: Founding Family.* Toronto: Ryerson Press, 1965.

Graham, W.G. *Greenbank: Country Matters in Nineteenth Century Ontario.* Peterborough, Ont.: Broadview Press, 1988.

Guillet, Edwin C. *In the Cause of Education: Centennial History of the Ontario Educational Association, 1861-1960.* Toronto: University of Toronto Press, 1960.

Gzowski, Peter, ed. *A Sense of Tradition: An Album of Ridley College Memories, 1889-1989.* St. Catharines, Ont.: A Hedge Road Press Book, Ridley College, 1988.

Hall, Roger, and Gordon Dodds. *Ontario: Two Hundred Years in Pictures.* Toronto/Oxford: Dundurn Press, 1991.

Johnson, Leo. A. *History of Guelph: 1827-1927.* Guelph, Ont.: Guelph Historical Society, 1977.

Keller, Betty. *Pauline: A Biography of Pauline Johnson.* Toronto/Vancouver: Douglas & McIntyre, 1981.

Kluckner, Michael. *Toronto: The Way it Was.* Toronto: Whitecap Books, 1988.

LaBranche, Bill. *Peterborough Scrapbook: A Pictorial History of the City of Peterborough, 1825-1975.* Peterborough, Ont.: 1975.

Metcalfe, Alan. *Canada Learns to Play: The Emergence of Organized Sport, 1807-1914.* Toronto: McClelland & Stewart, 1987.

Middleton, Jesse Edgar. *Toronto's 100 Years.* Toronto: The Centennial Committee, 1934.

Mika, Nick and Helma. *Kingston: Historic City.* Belleville, Ont.: Mika Publishing, 1987.

Oliver, Hugh, Mark Holmes, and Ian Winchester. *The House That Ryerson Built: Essays in Education to Mark Ontario's Bicentennial.* Toronto: OISE Press, 1984.

Stewart, J. Douglas, and Ian E. Wilson. *Heritage Kingston.* Kingston, Ont.: Agnes Etherington Art Gallery, 1973.

Thompson, Austin Seton. *Jarvis Street: A Story of Triumph and Tragedy.* Toronto: Personal Press, 1980.

Van Steen, Marcus. *Pauline Johnson: Her Life and Work.* Toronto: Musson, 1965.

Weaver, John C. *Hamilton: An Illustrated History.* Toronto: James Lorimer and Co.; [Ottawa] National Museums of Canada, 1982.

LES PRAIRIES

Artibise, Alan F.J. *Winnipeg: A Social History of Urban Growth 1874-1914.* Montreal: McGill-Queen's University Press, 1975.

———. *Winnipeg: An Illustrated History.* Toronto: James Lorimer and Co; [Ottawa] National Museum of Man, 1977

———, ed. *Gateway City: Documents on the City of Winnipeg 1873-1913.* Manitoba Record Society in association with the University of Manitoba Press, 1979.

Benham, Mary Lile. *Winnipeg.* Winnipeg: City of Winnipeg, 1974.

Brennan, J. William. *Regina: An Illustrated History.* Toronto: James Lorimer and Co.; [Ottawa] Canadian Museum of Civilization in collaboration with the Secretary of State, 1989.

———, ed. *Regina Before Yesterday: A Visual History 1882-1945.* Regina: Historical Committee, 75th Anniversary Board, 1978.

Charyk, John C. *Syrup Pails and Gopher Tails: Memories of the One-Room School.* Saskatoon: Western Producer Prairie Books, 1983.

———. *When the School Horse was King.* Saskatoon: Western Producer Prairie Books, 1988.

Drake, Earl G. *Regina: The Queen City.* Toronto: McClelland & Stewart, 1955.

Healy, William J. *Winnipeg's Early Days.* Winnipeg: Stovel Company, 1927.

Howard, Richard, et. al. *A New History of Canada: Movements West 1887-1908.* Montreal: Editions Format, 1972.

MacEwan, Grant. *Grant MacEwan's Illustrated History of Western Canadian Agriculture.* Saskatoon: Western Producer Prairie Books, 1980.

———. *Grant MacEwan's West: Sketches from the Past.* Saskatoon: Western Producer Prairie Books, 1990.

Pomeroy, Elsie May. *William Saunders and His Five Sons: The Story of the Marquis Wheat Family.* Toronto: The Ryerson Press, 1956.

Riddell, W.A. *Regina from Pile O'Bones to Queen City of the Plains: An Illustrated History.* Burlington, Ont.: Windsor Publications, 1981.

Smith, James K. *Wilderness of Fortune: The Story of Western Canada.* Vancouver/Toronto: Douglas & McIntyre, 1983.

Wells, Eric. *Winnipeg: Where the New West Begins. An Illustrated History.* Burlington, Ont: Windsor Publications, 1982.

Wilson, Keith. *Album of Western Settlement.* Toronto: Grolier, 1985.

ALBERTA

Barron, F. Laurie, and James B. Waldram. *1885 and After: Native Society in Transition.* Regina: University of Regina, Canadian Plains Research Centre, 1986.

Bondar, Barry. *Edmonton: The Story and the Sights.* North Vancouver, B.C.: Whitecap Books, 1986.

Bowering, George. *Caprice.* Markham, Ont.: Penguin Books Canada, 1987.

Breen, David H. *The Canadian Prairie West and the Ranching Frontier.* Toronto: University of Toronto Press, 1983.

Cashman, A.W. (Tony). *More Edmonton Stories.* Edmonton: Institute of Applied Art, 1958.

Edmonds, W. Everard. *Edmonton: Past and Present.* Edmonton: W. Everard Edmonds, 1943.

Foran, Max. *Calgary, une histoire illustrée.* Ottawa, Musée national de l'homme, 1978.

———, and Heather MacEwan Foran. *Calgary: Canada's Frontier Metropolis.* Burlington, Ont.: Windsor Publications, 1982.

Fraser, W.B. *Calgary.* Toronto: Holt, Rinehart & Winston of Canada, 1967.

MacDonald, Jac. *Historic Edmonton: An Architectural and Pictorial Guide.* Edmonton: Lone Pine Publishing, 1987.

MacEwan, Grant. *Calgary Cavalcade: From Fort to Fortune.* Edmonton: Institute of Applied Art, 1958.

———. *John Ware's Cow Country.* Edmonton: Institute of Applied Art, 1960.

Macgregor, James G. *Edmonton: A History.* Edmonton: Hurtig Publishers, 1967.

———. *Edmonton Trader: The Story of John A. MacDougall.* Toronto: McClelland & Stewart, 1963.

McNeill, Leishman. *Tales of the Old Town: Calgary 1875-1950.* Calgary: Calgary Herald, 1951.

Person, Dennis, and Carin Routledge. *Edmonton: Portrait of A City.* Reidmore, 1981.

Rasporich, Anthony W., and Henry C. Classen, eds. *Frontier Calgary: Town, City and Region 1875-1914.* Calgary: University of Calgary/McClelland & Stewart West, 1975.

Shields, Bob. *Calgary.* Calgary: A Calgary Herald Publication, 1974.

Thomas, Lewis G. *Rancher's Legacy: Alberta Essays by Lewis G. Thomas.* Edited by Patrick A. Dunae. Edmonton: University of Alberta Press, Western Canada Reprint Series, 1986.

———, ed. *The Prairie West to 1905: A Canadian Sourcebook.* Toronto: Oxford University Press, 1975.

Ward, Tom. *Cowtown: An Album of Early Calgary.* Calgary: City of Calgary Electric Systems/McClelland & Stewart West, 1975.

Williams, Vicky. *Calgary: Then and Now.* Vancouver: Bodima Books, 1978.

COLOMBIE-BRITANNIQUE

Abraham, Dorothy. *Romantic Vancouver Island: Victoria Yesterday and Today.* Victoria: Acme-Buckle Printing Co., 1966.

Adams, Joan, and Becky Thomas. *Floating Schools and Frozen Inkwells: The One-Room Schools of British Columbia.* Madeira Park, B.C.: Harbour Publishing Company, 1985.

Bondar, Barry. *Vancouver: The Story and the Sights.* North Vancouver, B.C.: Whitecap Books, 1986.

———. *Victoria: The Story and the Sights.* North Vancouver, B.C.: Whitecap Books, 1986.

Castle, Geoffery. *More Victoria Landmarks.* Illustrated by Barry F. King. Victoria: Sono Nis Press, 1988.

Chan, Anthony B. *The Gold Mountain: The Chinese in the New World.* Vancouver: New Star Books, 1983.

Czolowski, Ted, and Balynn Richards. *Vancouver Calling.* Vancouver, 1972.

Keller, Betty. *On the Shady Side: Vancouver 1886-1914.* Ganges, B.C.: Horsdal and Schubert, 1986.

Kloppenburg, Anne, Alice Newinski, Eve Johnson and Robert Gruetter. *Vancouver's First Century: A City Album, 1860-1970.* Vancouver: J.J. Douglas, 1977.

Kluckner, Michael. *Vancouver: The Way it Was.* North Vancouver, B.C.: Whitecap Books, 1984.

Mattison, David. *Eyes of a City: Early Vancouver Photographers, 1868-1900.* Occasional Paper, no. 3. Vancouver: Vancouver City Archives, 1986.

Morgan, Roland, and Emily Disher. *Victoria: Then and Now.* Bodima Publications, 1977.

Morley, Alan. *Vancouver: From Milltown to Metropolis.* Vancouver: Mitchell Press, 1961.

Nicol, Eric. *Vancouver.* Toronto: Doubleday Canada, 1970.

O'Kiely, Elizabeth. *Gastown Revisited.* Vancouver: Community Arts Council of Vancouver, 1970.

*On Forward Thinking.* Victoria: Victoria Chamber of Commerce, 1967.

Reksten, Terry. *"More English than the English": A Very Social History of Victoria.* Victoria: Orca Book Publishers, 1986.

Robertson, Irene Elaine. "The Business Community and the Development of Victoria, 1858-1900." Unpublished MA thesis, University of Victoria, 1976.

Roy, Patricia E. *Vancouver: An Illustrated History.* Toronto: James Lorimer and Co.; [Ottawa] National Museum of Man, 1980.

Stanley, Tim. "White Supremacy, Imperialism and School Textbooks in British Columbia, 1885-1925." (Second draft of recently published paper) University of British Columbia, 1989.

# REMERCIEMENTS

*Toutes les photos en couleurs, sauf indications contraires : Peter Christopher ©1992.*

*Plat recto :* Frederic Marlett Bell-Smith (Canadien, 1846-1923), *Les lumières de la rue,* 1894. Huile sur toile. Compagnie de la baie d'Hudson.

*Plat verso :* Archives nationales du Canada (C-24322).

*Page de garde :* Musée McCord d'histoire canadienne, les Archives photographiques Notman.

2-3 Frederic Marlett Bell-Smith (Canadien, 1846-1923). *The Beach* (détail) 1888. Aquarelle sur papier, 34 x 52,1 cm. Musée des beaux-arts de l'Ontario. Don de M^me F.F. Tisdall, 1953.

8-9 Collection de photographies, Provincial Archives of Nova Scotia.

13 Archives nationales du Canada (C-2829).

15 Archives nationales du Canada (C-6536).

16 Archives nationales du Canada (C-37957).

18 (À gauche) Archives publiques de l'Ontario (S 18119). (À droite) Musée McCord d'histoire canadienne les Archives phtographiques Notman.

20 (En haut de page) Archives nationales du Canada (C-99311) (En bas de page, à gauche) Archives nationales du Canada (C-136882). (En bas de page, au centre) Archives nationales du Canada (C-136883). (En bas de page, à droite) Metropolitan Toronto Reference Library (MTL 892 F1).

23 Musée McCord d'histoire canadienne, les Archives photographiques Notman. (En médaillon) Archives nationales du Canada (PA-123670).

25 British Columbia Archives and Records Service (HP 36629).

26-27 Archives nationales du Canada (C-24322).

28-29 Musée McCord d'histoire canadienne, les Archives photographiques Notman.

30 William Raphael (Canadien, 1833-1914). *Avec le Courant* 1892, Huile sur toil 40,6 x 63,8 cm. Musée des beaux-arts de Montréal, Horsley et Annie Townsend Bequest, 1963.

31 George Agnew Reid (Canadien, 1860-1947). *La prise d'hypohèque,* 1890, Huile sur toile, 130,1 x 213,3 cm. Musée des beaux-arts du Canada.

32-33 Musée McCord d'histoire canadienne, les Archives photographiques Notman.

34 Archives nationales du Canada (PA-24083).

37 (À gauche) Archives nationales du Canada (C-698). (À droite) Archives nationales du Canada (PA-33933).

38-39 Les Archives de Saskatchewan (R-B 1416).

42 Archives nationales du Canada (PA-13522).

44 Archives nationales du Canada (NMC-105064).

45 (En haut de page) Archives nationales du Canada (C-85125). (En bas de page) Archives Canadien Pacifique (A-8484).

46 Archives nationales du Canada (PA-23361).

47 (En haut de page) Archives nationales du Canada (PA-160539). (En bas de page) Archives publiques de l'Ontario (S 4776).

48-49 F. Villers. *Tour of Governor General of Canada over C.P.R. – Rockies,* 1890. Lithographie en couleur. Musée royal de l'Ontario (975.48.10).

50 Musée McCord d'histoire canadienne, les Archives photographiques Notman.

50-51 Musée McCord d'histoire canadienne, les Archives photographiques Notman.

51 Provincial Archives of Alberta, Collection Ernest Brown (B.7066).

52 (À gauche) Archives Canadien Pacifique (A-6405). (En haut de page, à droite) Metropolitan Toronto Reference Library (MTL 892 E). (En bas de page, à droite) Archives Canadien Pacifique (A-6408).

53 Lucius O'Brien (Canadien, 1832-1899). La percée des Rocheuses : un col de la route canadienne (détail) 1887. Aquarelle sur papier, 101,6 x 69,8 cm. Collection particulière.

## LES MARITIMES

54-55 Lucius O'Brien (Canadien, 1832-1899). *Dans le Golfe – pêche hauturière* (détail) 1886. Aquarelle sur papier, 27,9 x 39,1 cm. Musée des beaux-arts de l'Ontario. Legs de Mme Florence L. Cody, Toronto, 1951.

57 Collection de photographies, Provincial Archives of Nova Scotia.

58-59 Musée McCord d'histoire canadienne, les Archives photographiques Notman.

61 Collection de photographies, Provincial Archives of Nova Scotia.

62 Collection de photographies, Provincial Archives of Nova Scotia.

62-63 Collection de photographies, Provincial Archives of Nova Scotia.

63 Collection de photographies, Provincial Archives of Nova Scotia.

64-65 Collection de photographies, Provincial Archives of Nova Scotia.

66-67 W.H. Yorke (Anglais, actif 1860-1905) Ship Ruby. Huile sur toile, 60 x 90 cm. Yarmouth County Museum.

67 Musée maritime de l'Atlantique, Halifax, Nouvelle-Écosse, Collection Harold Lister.

68 Musée maritime de l'Atlantique, Halifax, Nouvelle-Écosse.

68-69 Musée maritime de l'Atlantique, Halifax, Nouvelle-Écosse. Photographe : Edwin Levick, New York.

70 Musée McCord d'histoire canadienne, les Archives phtographiques Notman.

70-71 Yarmouth County Museum.

71 (En haut de page, à gauche) Yarmouth County Museum. (En haut de page, à droite, en bas de page) Prince Edward Island Public Archives and Records Office.

72-73 Provincial Archives of Newfoundland and Labrador (NA 1578).

73 Provincial Archives of Newfoundland and Labrador (IGA 414).

## QUÉBEC

74-75 Paul Peel (Canadien, 1860-1892). *Marine View, St Lawrence River* (détail) 1890. Huile sur toile, 24,1 x 34,3 cm. London Regional Art Gallery.

76-77 Musée McCord d'histoire canadienne, les Archives photographiques Notman.

78 Musée canadien de la guerre.

80-81 Archives Canadien Pacifique (A-4987).

82 Musée McCord d'histoire canadienne, les Archives photographiques Notman.

84 (À gauche) Archives nationales du Québec, Québec. (À droite) *Berthier-en-haut,* 1886, Archives nationales du Canada (C-133735).

84-85 Musée McCord d'histoire canadienne, les Archives photographiques Notman.

85 Musée McCord d'histoire canadienne, les Archives photographiques Notman.

86 (En médaillon) Archives nationales du Québe, Québec.

86-87 Archives publiques de l'Ontario (L-15).

87 Archives nationales du Canada (C-18754).

## MONTRÉAL

88-89 Edmond Dyonnet (Canadien, 1859-1954). *La Cigarette* (détail) 1894. Huile sur toile marouflée sur aggloméré de bois, 116,7 x 147,2 cm. Musée des beaux-arts du Canada. Don de Gabrielle Lorin, Montréal, 1965.

90-91 Musée McCord d'histoire canadienne, les Archives photographiques Notman.

92-93 Musée McCord d'histoire canadienne, les Archives photographiques Notman.

94-95 Musée McCord d'histoire canadienne, les Archives photographiques Notman.

96 Musée McCord d'histoire canadienne, les Archives photographiques Notman.

97 Robert Harris (Canadien, 1849-1919). *View Across the Park,* 1892. Huile sur panneau de bois, 381 x 304 mm. Confederation Centre Art Gallery and Museum, Charlottetown.

98 (En haut de page, en bas de page) Musée McCord d'histoire canadienne, les Archives photographiques Notman.

98-99 Musée McCord d'histoire canadienne, les Archives photographiques Notman.

100 Musée McCord d'histoire canadienne, les Archives photographiques Notman.

101 Musée McCord d'histoire canadienne, les Archives photographiques Notman.

102 (En haut de page, au centre, à gauche) Musée McCord d'histoire canadienne, les Archives photographiques Notman.

104 Archives nationales du Canada (C-7105).

104-105 Archives Canadien Pacifique (A-2729).

106-107 Anonyme. *Inauguration of the Ice Palace, Montreal Winter Carnival,* 1884. Chromolithographie. Musée royal de l'Ontario (982.233).

107 (En haut de page, en bas de page) Musée McCord d'histoire canadienne, les Archives photographiques Notman.

108 (En haut de page) Temple de la renommée du hockey. (En bas de page) Archives nationales du Canada (PA-68320).

109 (À gauche) Archives nationales du Canada (C-3127). (Au centre) Archives nationales du Canada (PA-60605). (À droite) Archives nationales du Canada (C-79288).

## OTTAWA

*110-111* Albert Bierstadt, (Américain, 1830-1902). *View of the Parliament Buildings from the Grounds of Rideau Hall* (détail) c. 1883. Huile sur carton, 23,3 x 31,9 cm. Musée des beaux-arts du Canada.

*113* Archives nationales du Canada (PA-8440).

*115* Musée McCord d'histoire canadienne, les Archives photographiques Notman.

*116-117* Archives nationales du Canada (C-5350).

*118* Album de M^me Percy Sherwood. Collection de manuscrits littéraires. Bibliothèque nationale du Canada.

*118-119* Archives nationales du Canada (PA-27145).

*119* (En haut de page, à gauche) Archives nationales du Canada (PA-339545) (En haut de page, à droite) Archives municipales d'Ottawa. (En bas de page, à gauche) Archives nationales du Canada (PA-25658). (En bas de page, à droite) Archives nationales du Canada (C-1007).

*120-121* Musée McCord d'histoire canadienne, les Archives photographiques Notman.

*121* Archives nationales du Canada (C-68854).

*122-123* Archives nationales du Canada (C-6332).

## TORONTO ET L'ONTARIO

*124-125* George Agnew Reid (Canadien, 1860-1947). *Toronto Harbour*, 1886. Huile, 556 x 1385 mm. Metropolitan Toronto Reference Library (T18007-09).

*126-127* Musée McCord d'histoire canadienne, les Archives photographiques Notman.

*128-129* City of Toronto Archives (SC 478-12).

*130-131* City of Toronto Archives (SC 478-16).

*134* Frederic Marlett Bell-Smith (Canadien, 1846-1923). *Les lumières de la rue* 1894. Compagnie de la baie d'Hudson.

*134-135* City of Toronto Archives (SC 478-19).

*137* Archives publiques de l'Ontario (S 2928).

*138* Musée McCord d'histoire canadienne, les Archives photographiques Notman.

*138-139* Frederick Challener (Canadien, 1869-1959). *A Song at Twilight*, 1893. Huile sur toile, 61,2 x 91,5 cm. Musée des beaux-arts du Canada. Don de l'Académie royale des arts du Canada, 1894.

*139* Archives publiques de l'Ontario (9912-1-57).

*140* (En haut de page) Metropolitan Toronto Reference Library (T 10665).

*140-141* George Agnew Reid. *Family Prayer*, 1890. Huile sur toile, 101,5 x 127 cm. Victoria College, University of Toronto.

*142-143* Frederic Marlett Bell-Smith (Canadien, 1846-1923). *The Return from School*, 1884. Huile sur toile. London Regional Art Gallery.

*143* (À gauche) Toronto Board of Education. (À droite) Ridley College.

*144* (À droite) Archives nationales du Canada (PA-127297). (En bas de page) Musée des beaux-arts du Canada. Don de G. Blair Laing.

*145* Paul Peel (Canadien, 1860-1892). *Après le bain* (détail) 1890. Huile sur toile, 147,3 x 110,5 cm. Musée des beaux-arts de l'Ontario. Don de la province d'Ontario, 1972.

*146* Massey-Ferguson Archives, Musée agricole de l'Ontario.

*147* (En haut de page, en bas de page,) Massey-Ferguson Archives, Musée agricole de l'Ontario.

*148* (En haut de page) Archives publiques de l'Ontario (S 14580). (En bas de page) Musée McCord d'histoire canadienne, les Archives photographiques Notman.

*148-149* Paul Peel (Canadien, 1860-1892). The Covent Garden Market, London, Ontario, 1883. Huile sur toile, 69,5 x 93,9 cm. London Regional Art Gallery.

*150* Brockville Museum.

*150-151* Musée McCord d'histoire canadienne, les Archives photographiques Notman.

*151* Roy Studio, Peterborough.

## LES PRAIRIES

*152-153* Harold Innes. *The Buckboard*, sans date. Huile sur toile. Collection du Glenbow Museum, Calgary, Alberta (60.71.15).

*154-155* Musée McCord d'histoire canadienne, les Archives photographiques Notman.

*156* (À gauche) Archives provinciales du Manitoba (N 4888). (À droite) Archives provinciales du Manitoba (N 7500).

*156-157* Archives provinciales du Manitoba (N 5796).

*158* Archives nationales du Canada (C-9701).

*158-159* Musée McCord d'histoire canadienne, les Archives photographiques Notman.

*160-161* Les Archives de Saskatchewan (R-B 1136).

*162* Les Archives de Saskatchewan (R-B 983).

*162-163* Les Archives de Saskatchewan (R-B 10794).

*163* Les Archives de Saskatchewan (R-B 4524).

## ALBERTA

*164-165* Lucius O'Brien (Canadien, 1832-1899). *View of the Rockies* (détail) 1887. Mine de plomb et aquarelle sur papier, 541 x 759 mm. Archives nationales du Canada (C-97677).

*166-167* Musée McCord d'histoire canadienne, les Archives photographiques Notman .

*168* (En haut de page) Provincial Archives of Alberta, Collection Ernest Brown (B.3150). (En bas de page) Provincial Archives of Alberta, Collection Ernest Brown (B.3154).

*169* Provincial Archives of Alberta, Collection Ernest Brown (B.3127).

*170* Provincial Archives of Alberta, Collection Ernest Brown (B.51).

*170-171* Musée McCord d'histoire canadienne, les Archives photographiques Notman .

*172-173* Musée McCord d'histoire canadienne, les Archives photographiques Notman .

*173* Provincial Archives of Alberta, Collection Ernest Brown (B.998).

*174-175* Glenbow Archives, Calgary, Alberta. Photo: Steele and Co.

*176* (En haut de page, à gauche) Provincial Archives of Alberta, Collection Ernest Brown (B.176). (En haut de page, à droite) Glenbow Archives, Calgary, Alberta.

*176-177* Provincial Archives of Alberta, Collection Ernest Brown (B.88).

*177* Glenbow Archives, Calgary, Alberta.

*178-179* Provincial Archives of Alberta, Collection Ernest Brown , (B.9677).

*179* (En haut de page) Musée McCord d'histoire canadienne, les Archives photographiques Notman . (En bas de page) Archives Canadien Pacifique (A-1956).

*181* (En médaillon) Provincial Archives of Alberta, Collection Ernest Brown (B.9599).

*182-183* Provincial Archives of Alberta, Collection Ernest Brown (B.2396).

*184-185* Provincial Archives of Alberta, Collection Ernest Brown (B.4755).

*186* (En haut de page) City of Edmonton (EA-10-1269) (En bas de page) City of Edmonton (EA-10-2760).

*187* (En haut de page) Provincial Archives of Alberta, Collection Ernest Brown (B.6825). (En bas de page) City of Edmonton (EA-10-1180).

## COLOMBIE-BRITANNIQUE

*188-189* Lucius O'Brien (Canadien, 1832-1899). *Une forêt de Colombie-Britannique* (détail) 1888. Mine de plomb et aquarelle sur papier, 54,1 x 76,4 cm. Musée des beaux-arts du Canada, achat 1889.

*191* Musée McCord d'histoire canadienne, les Archives photographiques Notman .

*192-193* Vancouver Library (19846).

*194-195* Musée McCord d'histoire canadienne, les Archives photographiques Notman .

*195* Musée McCord d'histoire canadienne, les Archives photographiques Notman .

*196* (En haut de page) City of Vancouver. (En bas de page) Vancouver Library (19861).

*197* (En haut de page) Musée McCord d'histoire canadienne, les Archives photographiques Notman .

*198* (En bas de page) Musée McCord d'histoire canadienne, les Archives photographiques Notman .

*200-201* Musée McCord d'histoire canadienne, les Archives photographiques Notman .

*202* British Columbia Archives and Records Service (HP 22446).

*202-203* Musée McCord d'histoire canadienne, les Archives photographiques Notman .

*205* British Columbia Archives and Records Service (HP 5445).

*206-207* British Columbia Archives and Records Service (HP 54796).

*207* (En haut de page) British Columbia Archives and Records Service (HP 57018). (En bas de page) British Columbia Archives and Records Service (HP 30170).

*208-209* Musée McCord d'histoire canadienne, les Archives photographiques Notman .

*209* (En haut de page) British Columbia Archives and Records Service (HP 31705). (En bas de page) Musée McCord d'histoire canadienne, les Archives photographiques Notman .

*210-211* (À gauche) Provincial Archives of Alberta, Collection Ernest Brown (B.993).

*211* Musée McCord d'histoire canadienne, les Archives photographiques Notman .

*216* Archives nationales du Canada (PA-16009).

*223* Collection de photographies, Provincial Archives of Nova Scotia.

# INDEX

Direction artistique et design : Ralph Tibbles Design Inc.
Direction éditoriale : Hugh M. Brewster
Chargé de projet : Ian R. Coutts
Chercheur : Irshad Manji
Assistantes éditoriales : Catherine Fraccaro
Mireille Majoor
Shelley Tanaka
Directeur de production : Susan Barrable
Assistante de production : Sandra L. Hall
Séparation de couleurs : Colour Technologies
Imprimeur et relieur : Friesen Printers

CANADA 1892: *La fresque d'une terre promise*
*a été produit par Madison Press Books*
*sous la direction de Albert E. Cummings*